Úrsula Perona Mira

Hijos de alta demanda

LIBROS
EN EL
BOLSILLO

© Úrsula Perona Mira, 2020
© de la primera edición en Almuzara, S.L.: 2020
© de esta edición en Libros en el bolsillo, mayo de 2024
    www.toromitico.com
    info@almuzaralibros.com
    Síguenos en @AlmuzaraLibros

Impreso por LIBERDÚPLEX
Libros en el bolsillo: ÓSCAR CÓRDOBA

I.S.B.N: 978-84-19962-11-9
Depósito Legal: CO-683-2024

Código BIC: VFXC
Código THEMA: VFXC
Código BISAC: FAM034000

Reservados todos los derechos. Queda rigurosamente prohibida, sin la autorización escrita de los titulares del *copyright*, bajo las sanciones establecidas
en las leyes, la reproducción parcial o total de esta obra por cualquier medio o
procedimiento, incluidos la reprografía y el tratamiento informático, así como la
distribución de ejemplares mediante alquiler o préstamo público.

Cualquier forma de reproducción, distribución, comunicación pública o transfor-
mación de esta obra solo puede ser realizada con la autorización de sus titulares,
salvo excepción prevista por la ley. Diríjase a CEDRO (Centro Español de Derechos
Reprográficos, www.cedro.org) si necesita fotocopiar o escanear algún fragmento
de esta obra.

Editorial Almuzara
Parque Logístico de Córdoba. Ctra. Palma del Río, km 4
C/8, Nave L2, nº 3. 14005 - Córdoba

Impreso en España - *Printed in Spain*

A mis hijos Enzo, Noa y Leyre, por enseñarme qué es el amor incondicional, en especial a Leyre por ponerme el reto de descubrir qué es un niño de Alta Demanda.

A mi exmarido, José, por ayudarme a construir una vida, a mí, que bebía en los charcos.

Has emprendido un viaje de intensidad máxima. El bebé duerme en tu regazo, le miras y sabes que es muy especial. Tiene pocos meses y te parece increíble que parezca comprender casi todo lo que dices, que exprese con tanta contundencia lo que necesita, que haya encontrado la forma de estar siempre pegadito a ti. Estás agotada. Pasas mucho sueño. A veces sientes incluso ansiedad. Tu bebé exige mucho, mucho más de lo que esperabas, pero el viaje no ha hecho más que comenzar. Vas a estar cansada hasta límites insospechados, vas a llorar de agotamiento o de frustración… Pero también te vas a divertir mucho y vas a conocer el amor a otro nivel.

¡Bienvenida a la crianza de alta demanda!

CAPÍTULO 1

CARACTERÍSTICAS DEL NIÑO DE ALTA DEMANDA

¿QUÉ ES UN NIÑO DE ALTA DEMANDA?

Lo primero que sentí cuando nació mi hija de alta demanda fue desconcierto. Parecía no entenderla. Leyre era mi tercera hija. Soy psicóloga infantil, por lo que estoy acostumbrada a tratar con muchos niños, y además ya tenía dos hijos: no parecía que fuera una cuestión de inexperiencia.

Sin embargo ya desde la primera noche, la cual por supuesto pasó encima de mi pecho, supe que era una niña especial. Sus enormes ojos azules parecían transmitirme inseguridad, miedo, necesidad de que la hiciera sentir segura. Con el paso de los días y de los meses, su carácter se fue revelando y sus demandas también.

Mi hija parecía vivir en el desasosiego si no estaba en mis brazos, o si no dormía en mi pecho. Si no atendía sus reclamos velozmente, sus gritos y llantos eran descorazonadores. Apenas dormía. Ni ella ni yo. Los berrinches y rabietas a partir del año empezaron a ser monumentales. Tenía grandes necesidades de atención constante, la cual reclamaba con ahínco. Resultaba agotadora, sobre todo mentalmente.

Había muchísimas cosas que no le gustaban: ir en coche, pasear en el carrito, estar en la trona o la hamaca. Nunca llegó a dormir en la cuna: la regalé sin estrenar.

Lloraba y lloraba para poder dormirse. Incluso en mis brazos, acunándola, tenía verdaderas dificultades para conciliar el sueño y durante la noche muchísimos despertares. Era como si tuviera algo dentro que le impidiera sosegarse.

Cuando creció, la cosa no mejoró mucho: hablaba por los codos, interrumpía constantemente, no se entretenía sola ni un minuto. No paraba de moverse, era intrépida y muy perseverante.

El desgaste como padres iba en aumento conforme pasaban los meses. Estábamos agotados. Leyre nunca tenía suficiente de nada. Y apareció la culpa: «no sé hacerlo bien», «la estoy malcriando», «no sé manejarla».

Y con la culpa, la desorientación. El tratar de hacer las cosas de otra forma, pero nada parecía funcionar. Leyre tenía bien claro cuáles eran sus necesidades y la contundencia necesaria para hacérmelas saber claramente.

¿Qué le pasaba a mi hija? ¿Por qué se comportaba así?

Y empezó mi viaje para entenderla: para entender al niño de Alta demanda.

En la actualidad, el término «Niño de Alta Demanda» aún no es muy conocido. El hecho de que se trate de una denominación relativamente joven es una de las principales causas.

En términos psicológicos, un niño de alta demanda es un niño de «Temperamento Difícil». Esto es lo que coloquialmente diríamos de los niños que son llorones, complicados o exigentes y que suponen un verdadero reto para la crianza.

He de deciros que a mí personalmente el adjetivo «difícil» no es el que más me gusta, resulta peyorativo. Los llamados «niños de alta demanda» no son niños malos ni tienen ningún problema psicológico. Son niños maravillosos, aunque con un temperamento que agota a cualquiera.

No se trata de etiquetar a los niños con el fin de colgarles un sambenito. Se trata simplemente de conocer por qué se comportan de una determinada manera para que los padres sepamos cómo actuar. Y para que nos liberemos de la culpa, no tengamos en cuenta las críticas de los demás y entendamos que el comportamiento de nuestro hijo no se debe a que no sepamos educarles.

Lo que pretendo con este libro es que aprendas a educar a tu hijo de la mejor manera para él y que eso te permita disfrutar de la crianza.

En primer lugar, es muy importante que conozcas bien a tu hijo. Comprender cuál es el origen de sus comportamientos y demandas es clave, así como aprender a entender sus necesidades reales.

«En este viaje aprenderás a convertirte en el padre o la madre que tu hijo necesita, no en el que creías que ibas a ser».

Peritas en dulce y ñoras:

Cuando estudiaba y aún era joven e ingenua, asistí a un curso sobre disciplina positiva que impartió el Dr. Xavier Méndez, catedrático de psicología, gran profesional y un referente para mí.

Él nos explicó cariñosamente que había dos tipos de niños: los de temperamento fácil, que eran «peritas en dulce», y los de temperamento difícil, que eran «ñoras». Yo en aquel momento me reí con la gracia, pero muchos años después, cuando nació Leyre, ya no me hizo tanta gracia.

HISTORIA DEL CONCEPTO

El primero en hablar de bebés de alta demanda o de Altas Necesidades fue el Dr. Sears.

El Dr. William Sears es un reputado pediatra estadounidense. Está casado con Martha, enfermera y miembro destacado de la *Liga americana de lactancia materna*. Martha se ha dedicado a lo largo de los años a asesorar a cientos de madres sobre la crianza.

A las pocas semanas de nacer su cuarta hija, Hayden, Martha ya observó que aquella niña era diferente. Desesperada, le dijo a su marido: «Esta niña no es como los demás».

La niña lloraba todo el tiempo, nada parecía consolarla. Pedía pecho continuamente. Necesitaba el contacto físico y consuelo constante. Era muy exigente en sus demandas, montaba berrinches enormes si no era atendida al momento. Apenas dormía y tenía a sus padres totalmente desconcertados.

El Dr. Sears empezó a observar y a estudiar a su hija. Martha y él estaban desbordados con el fuerte carácter de la niña. Parecía como si no supieran nada, a pesar de que eran expertos en crianza y tenían tres hijos. Se sentían desbordados, culpables y sin recursos para atender a una niña tan difícil.

Ese fue el principio de la historia…
Y este, el mío:

Mi principio.

Leyre es mi tercera hija. Su embarazo llegó por sorpresa. Mis mellizos acababan de cumplir 5 años y, cuando ya creía que iba a empezar a descansar un poco de la agotadora crianza de dos bebés, me quedé de nuevo embarazada. Tras el sobresalto inicial empecé a ver el lado positivo: seguro que a este bebé lo disfrutaría más. Ya no era madre primeriza, tenía experiencia. Ya no estaría tan preocupada y ansiosa por todo y, además, como ella era solo una, tendría tiempo para disfrutarla mejor. Porque criar mellizos es agotador, estás todo el tiempo haciendo cosas (dar el pecho, baños, limpiar vómitos, cambiar pañales, y vuelta a empezar), y apenas los disfrutas.

Así que me las prometía felices. Elegí un nombre alegre, porque una amiga me dijo que la tercera sería la alegría de la casa: Leyre. Y así lo fue: la alegría de la casa. Y unas cuantas cosas más…

Antes de que se hablara de niños de alta demanda el término que se usaba era el de niños de temperamento difícil. En los años cincuenta y sesenta se realizaron estudios que afirmaban que solo el 10% de bebés y niños era considerados como de temperamento difícil por sus padres. Hoy en día casi todos los padres dicen que sus hijos son de alta demanda. ¿Qué ha pasado? ¿Qué ha causado ese incremento de niños de alta demanda? Una gran parte se debe a que no todas las personas valoramos de la misma forma las características psicológicas.

Si partimos de la base de que los bebés y los niños

pequeños son por naturaleza demandantes... ¿Puede ser que estemos tomando como referencia a los bebés o niños de baja demanda o de temperamento fácil?

Los niños de temperamento fácil comparten algunas características:

· Cuando los pones en la cuna o en el carrito apenas lloran.
· Pueden dormir varias horas seguidas.
· Se despiertan, comen y se vuelven a dormir.
· Juegan y se entretienen solos.
· Su crianza es relativamente fácil.
· No son niños excesivamente exigentes.
· Tienen un carácter tranquilo, o al menos, no excesivamente nervioso.

Entonces viene la pregunta clave ¿Y los niños de alta demanda, cómo son?

Llegó Leyre.

Como os contaba, Leyre nació ante grandes expectativas por mi parte. Esta vez todo sería más fácil. Yo estaría más descansada, no perdería los nervios con facilidad y podría por fin tener una maternidad más consciente, más sosegada, más tranquila, más feliz. Seguro que dejaría de sentirme sobrepasada.

Porque si ya tienes hijos, bien sabes todas las sombras que entraña la maternidad. Y si además son mellizos... ¡pues imagina!

Mi pequeña Leyre pasó su primera noche de vida encima de mi pecho. Esa, y todas las demás hasta que pesaba tanto que no me dejaba respirar. Tenía un genio endiablado, lloraba TODO EL TIEMPO, no tenía consuelo. Gritaba sin parar cuando la sacaba de paseo, odiaba el carrito, la sillita, el coche y todo en general. La gente me paraba por la calle para preguntarme qué le pasaba a la niña.

La verdad es que mi hija ya apuntaba maneras cuando aún estaba en mi tripa. En la ecografía 4D tenía el ceño bien fruncido y una cara de contrariada que no pude más que pensar que la niña iba a tener carácter. Y vaya si lo tiene.

Con los años he tenido la oportunidad de contrastar esto con otros padres de niños de alta demanda y, efectivamente, una de las cosas que me comentaban era que también tuvieron la percepción, ya en el embarazo, de que su hijo llegaría a este mundo pisando fuerte.

¿CÓMO ES UN NIÑO DE ALTA DEMANDA?

A partir de las primeras semanas de vida tu hijo ya empieza a revelar su carácter.

El comportamiento de un niño de alta demanda es muy característico y muestra estos comportamientos:

- TIENE PROBLEMAS DE SUEÑO. No necesita dormir demasiado, por eso le cuesta dormirse, especialmente cuando no está presente un adulto. Es normal que se despierte muchas veces, le cuesta alargar las tomas nocturnas… Tardará mucho (incluso años) en dormir del tirón. Durante el día recarga pilas con una pequeña siesta o a veces ni eso.

- DEPENDENCIA DEL ADULTO. Es decir, es muy demandante de atención. Su ansiedad por separación es intensa, solicita constantemente la atención de los adultos, especialmente de sus padres. Necesita mucho contacto físico, estar cerca del adulto, que le coja la mano, que lo sujete en brazos, en resumen, sentir el cuerpo del otro.

- POSEE UN TEMPERAMENTO FUERTE. Con frecuencia se comporta de manera perseverante e insistente, quiere salirse con la suya a cualquier precio. Esta característica es una condición temperamental, lo que le lleva a tener, por ejemplo, grandes berrinches cuando se le niega lo que pide.

- ES IMPREDECIBLE. Lo que ayer te funcionó para calmar una rabieta hoy ya no tiene el mismo efecto. Por ejemplo, puede que durante un tiempo te sirva una estrategia determinada para que coma o duerma, pero al día siguiente deja de ser efectiva. Esa impredictibilidad resulta desconcertante y estresante, pues continuamente hay que inventar estrategias nuevas.

- ES HIPERSENSIBLE. Experimenta las emociones con mucha intensidad. Son vulnerables, intuitivos, perspicaces. Del mismo modo, también expresa sus emociones de forma apasionada, ya sean positivas o negativas. Les afecta cualquier minucia. No le gustan las malas caras o cualquier pequeña riña. Es muy susceptible. Esto también hace que sea miedoso, preocupadizo y que se sobresalte mucho.

- NO SABE CALMARSE SOLO. Le cuesta contenerse y autorregularse, por lo que necesita del adulto para tranquilizarse.

- SE ALIMENTA CON FRECUENCIA, sobre todo durante la lactancia. Lo que realmente siente no es la necesidad de alimento, sino de atención o de sentir contacto, esto le hace sentir bien, le ayuda a calmarse. Por ello es frecuente que pida pecho continuamente.

- NO SABE JUGAR SOLO, necesitan del adulto para entretenerse. Se aburre con facilidad.

- A NIVEL PSICOMOTOR TIENE MUCHA ENERGÍA. El niño de alta demanda es movido e inquieto, cambia de juego o actividad fácilmente. Siempre está alerta, expectante, preparado para la acción. Parece que no conoce el cansancio y siempre tiene ganas de más.

- ES INTELIGENTE, DESPIERTO Y CURIOSO. Esta característica es evidente desde los primeros meses. Es un niño que no pierde detalle de lo que pasa alrededor, está pendiente de todo, aprende deprisa y pregunta mucho. Su actitud curiosa y exploratoria tiene que ver con esa necesidad de aprender.

- ES ANSIOSO Y PREOCUPADIZO. A menudo en el niño de alta demanda se dan dos características que le predisponen a la ansiedad: la inteligencia y la sensibilidad. Es un niño perspicaz e intuitivo, por lo que percibe y analiza lo que sucede a su alrededor. Esto tiene que vez con la agudeza de su sistema sensorial y con su capacidad de análisis, lo que le puede conducir a preocuparse y darle muchas vueltas a las cosas.

- ES OBSTINADO, TESTARUDO Y REPETITIVO. La perseverancia es una cualidad que la mayoría de niños desarrollan a niveles increíbles, pero al el niño de alta demanda la lleva a otro nivel.

IMPORTANTE. Puede que algunos niños cumplan algunas de estas características, pero en un niño de alta demanda aparecerán prácticamente todas.

Sofía, mamá de una niña de alta demanda:

Yo desconocía la existencia del término «alta demanda». No tenía ni idea de lo que era la maternidad, aunque, por las experiencias de amigas y conocidas, me había montado una imagen mental bastante idílica. Todo se desmoronó cuando di a luz. De pronto, en cuestión de días, hice un curso intensivo de lo que es ser madre de un bebé de alta demanda. Lo supe enseguida, mi hija se salía de la norma.

Nada más nacer, esa primera noche, ya fue como si la cuna del hospital tuviera pinchos. No hubo manera de que tolerara cualquier cosa que no fuera estar en brazos. En cuanto vio la luz, se puso a mamar como loca, y así fue hasta que le retiré el pecho al cabo del año. Pedía teta casi cada hora, con una intensidad y vehemencia pasmosas, jamás se calmaba sola, jamás cejaba en su empeño. No recuerdo a mi bebé dormida. Parece una exageración, pero hago memoria y no veo a una recién nacida durmiendo plácidamente en su cuna. Tampoco me recuerdo a mí descansando ni haciendo nada que no fuera con ella en brazos: dormir, comer dándole la teta (siempre estaba dándole la teta), ir al baño, lavarme los dientes, pasar la aspiradora con ella en brazos... Solo recuerdo un bebé que se despertaba cada media hora por la noche, que nos ponía en pie a las seis de la mañana y que, con una semana de vida, había que sacar a la calle y quebrarse la cabeza para entretenerla, porque canturreaba, se movía y gritaba pidiendo atención. «¿Qué hace esta nena tan pequeña en la calle a las siete de la mañana?», me preguntaban las vecinas con pena por la criatura. Durante el día podía echar un par de microsiestas de quince minutos y siempre en brazos. Y ojo, que el ruido de una mosca la despertaba al instante. Jamás le gustó la cuna, jamás le gustó el cochecito. Era agotador. Los ojos siempre abiertos de par en par, mirando todo con gran análisis y curiosidad.

Fue un viaje fascinante y agotador por igual, no sabía que podía ser así. Incalculablemente gratificante, pero muy exigente.

¿MI HIJO ES UN NIÑO DE ALTA DEMANDA? UN SENCILLO TEST PARA SABERLO

Marca con una X las características que definen a tu hijo:

- [ ] Necesita contacto físico constante.
- [ ] No le gusta quedarse solo ni un minuto.
- [ ] No sabe entretenerse ni jugar solo.
- [ ] Es muy cariñoso.
- [ ] Es muy sensible.
- [ ] Tiene reacciones exageradas.
- [ ] Llora con frecuencia, se enfada por cualquier cosa.
- [ ] Si no «acertamos» con lo que pide, se irrita.
- [ ] Reclama con insistencia lo que desea.
- [ ] Es locuaz, habla mucho.
- [ ] Es nervioso y movido. No para quieto.
- [ ] Reclama la atención de manera constante.
- [ ] Es despierto, curioso y vivaz.
- [ ] Es muy intenso para todo.
- [ ] Es apasionado, pone mucho corazón en lo que hace.
- [ ] A menudo parece estar disconforme o disgustado.
- [ ] Sus rabietas son fuertes y frecuentes.
- [ ] Es divertido, gracioso, ocurrente.
- [ ] Es impredecible, lo que hoy funciona, mañana no.

Si has marcado 12 o más ítems, muy posiblemente vuestro pequeño sea un niño de alta demanda. (U. Perona, 2020).

«¿Cómo vas? ¿Ya has identificado que tu niño es de alta demanda?»

Otra forma de saber si un niño es de alta demanda es mirar a sus padres, suelen lucir oscuras ojeras y cara de agotamiento extremo. También les embarga un gran sentimiento de culpa al pensar que los están mimando demasiado, o que no saben educarles correctamente. ¿Te suena?

Ahora que ya has identificado algunos de los rasgos de los niños de alta demanda, quiero dejar claro que no se trata de ninguna patología o problema. Simplemente tu hijo tiene lo que en psicología se llama «Temperamento difícil», es decir, reúne una serie de características de personalidad que hacen que se comporte así. Pero calma, que no todo es malo.

Los niños de alta demanda son inteligentes, sensibles, curiosos, y más intensos. Son muy despiertos, suelen ser ocurrentes, alegres y muy cariñosos.

Si tu hijo es de alta demanda posiblemente habrás tenido que aguantar ciertos comentarios, como que no sabes calmar al niño o que con tu actitud le pones más nervioso. Que lo que sucede es que el niño es un consentido, o que no sabes ponerle límites. Te suena ¿Verdad?

Para tu tranquilidad debo decirte que nada más lejos de la realidad. Bien es cierto que el estilo de crianza influye en la personalidad y en el comportamiento del niño, pero mucho antes de eso intervienen otros factores, como el temperamento del niño y el temperamento es un rasgo determinado genéticamente.

Y un niño de alta demanda pone a prueba las habilidades parentales más desarrolladas.

¡Pero si soy psicóloga infantil!

Pues eso pensaba yo constantemente. ¿Cómo puede ser que no sepa qué hacer con ella? No solo tenía experiencia previa, sino doble y, para más inri, soy psicóloga infantil.

Pues de nada me sirvió. La señorita Leyre «hizo buenos» a sus hermanos, como se suele decir. Porque ella lo ponía todo difícil.

Solo quería estar en brazos, le costaba muchísimo dormirse (teníamos que cantarle, acunarle, mecerla, acostarnos con ella... todo lo que se nos ocurría). Con los mellizos apliqué el método Estivill, en versión suave, eso sí. Lo adapté un poco a mi manera, porque aquello de dejarlos llorar mucho no iba conmigo, pero la verdad es que fue muy bien.

¿Estivill a Leyre? Un segundo que me da el ataque de risa... Así, con sarcasmo.

Su ciclo más largo de sueño era de 20 minutos, tanto de día como de noche. Le hicieron pruebas a ver si tenía epilepsia nocturna o algo por el estilo, porque ni al pediatra le parecía normal. Se plantó en 18 meses sin dormir más de media hora seguida. Ni ella ni nosotros, por supuesto.

Además, parecía que la cuna tuviera pinchos. No durmió NI UNA sola vez en la cuna. Solo al bracito, pechito y ratitos cortos, no vayáis a creer...

Así que hice todo lo que me había cansado de decir a los padres que acudían a mi consulta que no debían hacer. E incluso más.

¿POR QUÉ MI HIJO SE COMPORTA ASÍ?

Hemos descrito como es un niño de alta demanda y cuáles son sus principales características. Pero… ¿Por qué se comporta así?

Debes saber que tanto el desarrollo de tu hijo como su comportamiento están determinados por factores internos y externos. La genética forma parte de ese factor interno, mientras que el externo consiste en el ambiente que rodea al niño. Día tras día podemos ver la importancia que tiene la interacción entre ambos factores. Así, dependiendo del entorno en el que nuestro hijo se críe, podrá desarrollar sus capacidades y su comportamiento.

Esto quiere decir que un mismo niño puede llegar a actuar de forma distinta si se educa en otro ambiente totalmente diferente. Los genes, además de establecer las características orgánicas de una persona, también determinan las características psíquicas, como el temperamento y la capacidad intelectual. Este temperamento concreto que está determinado por la herencia genética incluye su forma de comportarse. Con esto me refiero a la necesidad de atención que demanda, su carácter o a su nivel de actividad, por ejemplo. Pero es muy importante que no te olvides del influjo que provoca el ambiente, puesto que va modelando poco a poco el comportamiento del niño, incluyendo su aprendizaje y sus conductas. Y los padres sois el factor ambiental más importante.

CURIOSIDAD

Famoso fue el caso de Gerald Levey y Mark Newan, gemelos separados al nacer que desconocían la existencia del otro. Sus vidas siguieron rumbos muy similares, a pesar de estar separados. Levey estudió para ser guardabosques, pero Newman, tras pensar en estudiar lo mismo, se decidió a trabajar como podador de árboles. Los dos han trabajado en supermercados, aunque uno instalando alarmas contra fuego y el otro, sistemas de riego. Pero todavía hay más. Poseen los mismos pasatiempos: la cacería, la pesca, la lucha profesional o las películas de John Wayne. Les gusta la comida china y beben la misma marca de cerveza. Incluso buscan el mismo tipo de mujer: alta, delgada y con cabello largo. Cuando ríen echan la cabeza para atrás y comparten la pasión por apagar incendios, puesto que son bomberos voluntarios.

EL TEMPERAMENTO INFANTIL

Para que entiendas un poco más de dónde viene la personalidad de tu hijo, te voy a explicar brevemente algunos términos:

Empecemos con el temperamento. Es la parte de nuestra personalidad que depende de la herencia biológica. Esto quiere decir que todos nacemos con un determinado temperamento, es algo que no podemos evitar.

El carácter es el componente de la personalidad que aprendemos del ambiente y se va forjando a lo largo de la vida. En otras palabras, aparece como consecuencia de las experiencias que vivimos, que influyen en nuestra forma de ser modulando nuestro temperamento. Influye el estilo educativo de los padres, la cultura, las normas y valores…

Por último, la personalidad es la suma de los dos términos mencionados: carácter y temperamento. Sin embargo, he de decirte que la palabra «personalidad» se emplea más que las anteriores, puesto que suele ser muy difícil saber qué parte de la forma de ser de una persona viene dada por el ambiente y cuál por la herencia.

* * *

Volviendo al temperamento infantil y entendiendo que este término alude al estilo de comportamiento innato que tienen las personas, podemos comprobar que es fácil notarlo en los niños, incluso en los bebés.

El estilo educativo deberá amoldarse para cubrir las necesidades educativas de cada niño, se necesitarán distintos recursos en función del temperamento que presenten.

Según un estudio de Thomas y Chess (1986), podemos encontrarnos con nueve rasgos que categorizan el temperamento y que son apreciables en los bebés:

- NIVEL DE ACTIVIDAD: se trata del tiempo que se mantiene activo o inactivo. Hay niños más tranquilos que otros.

- RITMICIDAD: se refiere a la regularidad horaria que presenta el bebé para realizar las actividades básicas de la vida, como las tomas de comida, las excreciones o dormir.

- APROXIMACIÓN O EVITACIÓN: es la tendencia a responder ante nuevas situaciones u objetos.

- ADAPTABILIDAD: consiste en la facilidad con la que se adapta a los cambios.

- UMBRAL DE RESPUESTA: atañe al umbral, es decir, la intensidad del estímulo, que necesita para percibir y responder a un estímulo concreto.

- TENDENCIA EMOCIONAL: se refiere a la tendencia natural de mostrarse más feliz, o lo contrario.

- INTENSIDAD DE LA REACCIÓN: consiste en la intensidad con la que manifiesta sus reacciones, tanto positivas como negativas.

- CAPACIDAD DE ATENCIÓN Y PERSISTENCIA: es la capacidad del niño para mantener la atención y dedicarse a una actividad.

En función a estas características, podemos establecer dos tipos de temperamentos infantiles:

★ Niños fáciles:

Los niños fáciles se muestran con una disposición más positiva, se adaptan mejor a los cambios y su estado emocional es más afable y manejable. Son niños que sonríen a los extraños, hacen amigos con bastante facilidad y aceptan mucho mejor las frustraciones. Son a los que llamamos *peras en dulce*, porque su educación suele ser más fluida y relajada.

★ Niños difíciles:

Los niños difíciles suelen mostrarse más hostiles, necesitan un mayor tiempo para asegurar la adaptación a los cambios. Una característica común es la reactividad, la cual se expresa en forma de irritabilidad muchas veces. Su humor suele ser más negativo y responden de forma intensa ante situaciones frustrantes, con rabietas o llantos. Los llamamos cariñosamente *pequeñas ñoras*, pues su comportamiento es algo más complejo.

Si algo tienen en común los niños de alta demanda, es que su crianza es de Alta Intensidad. Los padres de estos niños llegan a mi consulta a menudo cansados, estresados, agobiados y con fuertes sentimientos de no estar disfrutando la crianza, y de estar haciendo algo (o todo) mal. Han sufrido desde el nacimiento de su pequeño muchas críticas y les han brindado consejos que les han hecho sentirse inseguros como padres. O peor aun: les han transmitido la idea de que a su niño le pasa algo. La incomprensión a la que se enfrentan estos padres es enorme. Y los niños también: «Es pesado, es un malcriado, está mimado, es un tirano, os manipula…».

Los seres humanos somos muy diferentes unos de otros. En aspecto físico, pero también en personalidad. Sin embargo, no respetamos en la infancia esas diferencias. Queremos niños «estándar», que se adapten bien a nuestras expectativas, que se comporten como se espera que lo hagan exactamente en cada momento evolutivo, y que nos permitan vivir una crianza tranquila. Pero eso no es realista, y además, atenta contra la necesidades del niño: anula su personalidad y por tanto las necesidades que de ella se derivan. No todos los niños son iguales, y por tanto no tienen el mismo desarrollo ni necesitan las mismas cosas del entorno.

> **«¿Definen estás características a tu hijo? ¿Lo has visto reflejado?»**

Muchos dicen que todos los niños son igual de demandantes, llorones y exigentes. Pero no es verdad, no sé por qué nos empeñamos en engañarnos a nosotros mismos. Algunas personas sienten una especie de vergüenza silenciosa entre la sociedad en la que, si tienes un hijo fácil de llevar, no puedes reconocerlo, porque si tienes hijos pequeños automáticamente debes quejarte por algo, como si fuera una competencia de «el mío más», «el mío peor». Cada niño tiene su temperamento y su personalidad, algunos tienen un comportamiento más fácil de gestionar, otros no tanto. Otras, sin embargo, se congratulan de lo fácil que les resulta la crianza, de lo rodado que va todo con sus niños y se muestran muy poco empáticas con otros tipos de experiencias.

Relato de Isabel, 36 años y dos hijos:

Tengo dos hijos, cuando nació el primero quedé tan exhausta que me pensé mucho ir a por el hermanito. Un niño de alta demanda que, literalmente, no se separó de mí hasta que empezó el cole con cuatro años (y forzado). Exigía mucho, tenía mucho carácter, dormía fatal, era muy sensible… El *pack* completo de la alta demanda. Sin embargo, cuando nació su hermana, me preocupé en el extremo contrario. ¿Era normal que un bebé durmiera tanto y tan fácilmente? ¿De verdad era posible soltarla en la cuna y que cogiera el sueño solita? ¿Era humanamente posible que fuera tan risueña y tuviera tan buen talante para todo? Eran niños completamente opuestos. Él, era una pequeña ñora. Ella, una perita en dulce. Adoro a los dos por igual, me han dado la misma felicidad, orgullo y gratificaciones, son dos niños igual de cariñosos, listos y capaces. Pero uno tiene un carácter fácil, su crianza ha ido rodada, y otro no, ha sido un reto, las cosas como son.

UN POQUITO DE NEUROLOGÍA PARA ENTENDER EL CEREBRO INFANTIL

Paciente en consulta:

—Úrsula, mi hijo es capaz de realizar las tareas académicas sin problemas, pero no puede controlar sus emociones. No me obedece a la primera y me pega cuando se frustra. ¿Por qué es capaz de realizar una cosa fácilmente y no la otra?

Para poder entender este tipo de situaciones debes tener en cuenta una cuestión primordial: el cerebro de los niños todavía está en desarrollo, se encuentra en proceso de maduración. No es hasta el final de la adolescencia cuando suele terminar este complejo proceso. Debido a esa inmadurez cerebral, los niños no pueden controlar muchas de sus conductas. Pero es algo totalmente normal y forma parte del desarrollo integral del niño.

Sin intención de aburrirte mucho sobre neurología, te comentaré que la región del cerebro que tarda más en desarrollarse es la corteza prefrontal. En otras palabras, la sección del cerebro ubicada en la frente. Esta zona es la que se encarga de administrar funciones cognitivas superiores, como la toma de decisiones, la memoria, la autorregulación de las emociones, el comportamiento social… Que esta zona del cerebro todavía no está desarrollada completamente explica que tu pequeño se muestre impulsivo en sus reacciones o no sepa gestionar sus emociones.

METÁFORA ROSAL

Cuando compramos un pequeño rosal trepador y lo plantamos junto a la verja de nuestro jardín, lo sujetamos a la valla atando sus ramitas para que se mantengan erguidas y vayan creciendo en la dirección correcta. Si no hacemos esto, el joven rosal crecerá con sus ramas caídas por el suelo, ya que son tiernas y aún no tienen fuerza para sostenerse. Sin embargo, con el paso del tiempo, iremos retirando esas guías y sujeciones, pues el rosal irá creciendo fuerte y llegará un momento en el que se sostendrá sujeto a la valla por él mismo.

Esto puede servirnos de ejemplo sobre en qué consiste la crianza y educación de nuestros hijos. Al principio tenemos que marcar una guía clara y bien definida, establecer límites y ser concienzudos en su seguimiento. Poco a poco, conforme el niño va madurando, va interiorizando las normas y valores, y va siendo capaz de autorregularse, necesitará muchas menos guías, menos consejos, menos límites… Porque, como el pequeño rosal trepador, será capaz de hacerlo por él mismo.

«Espero que a estas alturas te sientas un poco mejor. A mí me pasó cuando fui comprendiendo el temperamento de Leyre, de dónde venía y qué papel jugaba yo en su crianza. Me sentía comprendida, liberada y algo menos culpable. Me sentí incluso más optimista respecto a su crianza.»

¿CÓMO TRATAR CON LOS NIÑOS DE ALTA DEMANDA?

El primer paso que tienes que dar es asumir que tu pequeño o pequeña es un niño de alta demanda. Debes interiorizar la idea de que no lo estás haciendo mal y que a tu hijo no le pasa nada malo. Sencillamente y debido a su naturaleza, tu hijo necesita más atención y cariño. Sabiendo esto, avanzarás en la dirección correcta. A partir de ahí el camino será mucho más fácil.

Leyre y el Dr. Sears:

Así que allí andaba yo, una psicóloga infantil madre de mellizos, totalmente desbordada por la pequeña y adorable Leyre.

Porque hasta ahora solo he dicho cosas negativas de ella, pero Leyre es muy especial: inteligente, brillante, ocurrente, graciosa, muy cariñosa y extremadamente sensible.

Así que indagué entre las páginas de internet típicas para madres desesperadas (madres-y-psicólogas desesperadas) y finalmente di con el Dr. Sears. Ya os he contado su historia.

Y entonces entendí que su pequeña Hayden y mi pequeña Leyre podían cogerse de la mano de tan parecidas que eran. Y ya puestos, el propio Dr. Sears y yo también podíamos cogernos de la mano, de tan parecida que era nuestra situación: pediatra él, psicóloga yo; padre de tres hijos anteriores él, madre de dos yo; y ninguno podíamos comprender a nuestras pequeñas niñas intensas. A partir de entonces comencé a vislumbrar algo de luz al final del túnel.

Y aunque ahondaremos en esto a lo largo del texto, un listado breve te ayudará a implantar una base de calma, tan necesaria en este momento de reconocimiento y aceptación de la alta demanda. Un niño alto demandante no es mejor ni peor, no se trata de un trastorno, no es ningún drama, pero sí requiere que su entorno empatice y comprenda no solo su carácter, sino sus necesidades. ¿Cómo gestiono la crianza de un niño tan sumamente demandante? Ante todo, con amor, pero también te puede resultar de utilidad:

- Paciencia. Sé que parece difícil o imposible, pero se trata de una virtud que se aprende. Al convertirte en padre, de pronto te sorprendes de los límites de tu propia paciencia. Si le pones un poco de ganas puedes construir una que sea sólida y serena. El niño de alta demanda tensará tus cuerdas en más de una ocasión, saber esto, saber preverlo y responder adecuadamente, es la mejor arma de todas en cualquier crianza.

- No compares. Cada niño es un mundo, pero es inevitable escuchar comentarios de otros niños más o menos fáciles de criar. No midas la evolución de tu hijo, único e individual, con la de otros. Escúchale solo a él, a su carácter, sus necesidades, sus tiempos, su propia personalidad y adáptate a eso, no a lo que otros o la sociedad espera que hagáis.

- No niegues tu instinto, guíate por él, es el más acertado. Eres el mejor padre o madre para tu hijo, le conoces mejor que nadie y esa primera intuición no falla, no la acalles.

- Delega y pide ayuda a las personas de confianza. La crianza del niño de alta demanda será ardua y exigente. Sabiendo esto, organízate para tener un mínimo de tiempo para descansar y cuidarte. Una mamá sana, estable y feliz, criará niños sanos, estables y felices. Eres humana, no una máquina. Reconocer que no se puede ser una súper heroína las 24 horas del día no es una debilidad, es una valiente verdad. Vienen unos primeros años intensos, prepárate para afrontarlos de la mejor manera posible.

- No fuerces, respeta. El respeto y la empatía en grandes dosis son imprescindibles para tratar al niño de alta demanda. Comprender su talante, sus ritmos y necesidades te acercará a él, mejorará el vínculo y la gestión del día a día. Tu niño es como es, acéptalo y celébralo.

- Disfruta de la actividad. El niño de alta demanda te va a sacar de tu zona de confort, porque siempre quiere más. A veces sentirás pereza, pero esto hay que verlo como algo positivo. La inquietud de este niño tan curioso y movido no solo le mantiene a él en constante aprendizaje, sino a ti también. Déjate llevar, sal a la calle, a la naturaleza, busca juegos de ingenio para hacer con él, disfruta de la posibilidad de ofrecerle un mundo lleno de posibilidades a un niño ávido de nuevos estímulos. A veces lo más fácil es sentarse, ver la tele y no pensar. Pero, en realidad, de cara a la crianza esto es lo más inusual y complicado. Tu hijo va a demandar mucha atención, pero, desde un prisma optimista, esto te permite llevarlo más a tu nivel, sacarlo contigo, mostrarle cosas y experiencias que, tal vez, en primera instancia, no pensabas que estaban hechas para un niño tan pequeño.

- No lo tomes como una guerra. No es un pulso de a ver quién puede más. Su alta demanda no responde, a una tiranía maliciosa del pequeño por intentar controlarte y tenerte bajo su yugo. De verdad te necesita y, si en vez de querer acomodar sus rutinas y comportamientos a lo que a nosotros nos viene bien, simplemente escuchamos y atendemos sus necesidades, adaptándonos nosotros a ellas, nos daremos cuenta que todo es mucho más fácil de lo que parecía.

El niño de alta demanda se convertirá en un adulto muy interesante. Todas esas características que hoy ves en tu hijo harán que se convierta en una persona apasionada, inteligente, curiosa, perseverante para lograr sus metas, sociable y afectuosa.

Como ya he dicho, yo también me vi sorprendida y, por qué no reconocerlo, sobrepasada ante esta situación. Comprender las necesidades y el intenso mundo interior que mueve a tu hijo de alta demanda será fundamental para que ambos tengáis una vida plena y feliz (incluso algo menos cansada).

Espero que, a lo largo de estas páginas, al igual que yo la encontré, tú también veas esa brillante lucecita que aclare y allane el siempre arduo camino de la crianza.

«Todas las personas llegan a tu vida para enseñarte algo de ti mismo. También tus hijos».

CAPÍTULO 2

EL PAPEL DE
LOS PADRES

EL PAPEL DE LA SOCIEDAD EN
LA EDUCACIÓN ACTUAL

Hemos hablado de las críticas que sufrimos a menudo los padres de niños de alta demanda. Todo el mundo parece tener algún consejo y la sabiduría para hacernos ver todo lo que hacemos mal con nuestro hijo. Pero actualmente la crianza no es sencilla, y menos aún de un niño de alta demanda.

Antiguamente ser padres resultaba más fácil, y seguro que te estás preguntando por qué digo esto. Piensa que hace unas décadas las familias estaban más unidas, en el sentido de que los miembros de la familia estaban más cercanos unos de otros. Los padres primerizos se sentían arropados por la familia, y sobre todo por los abuelos, quienes se convertían en apoyo para ayudar en el cuidado del bebé y de la recién mamá.

Además, las abuelas, tías u otros padres más experimentados podían brindarnos consejos y sabiduría. Sin embargo, los tiempos han cambiado. Hoy en día los padres están más desorientados debido a que las familias están deslocalizadas y no siempre tienen a quién recurrir. En la actualidad criamos en soledad.

La situación laboral de la sociedad actual tampoco ayuda, pues tanto mamás como papás trabajan y los niños no tienen más remedio que pasar largas jornadas en los escuelas infantiles y colegios. Todas estas circunstancias provocan que no pasemos demasiado tiempo con nuestros hijos y la crianza quede en un segundo lugar, llegando a resultar una tarea muchísimo más compleja.

Pero aún hay otro punto que dificulta la crianza, y no es menos importante...

EL EXCESO DE INFORMACIÓN Y LA INSEGURIDAD EN LA CRIANZA

Otro dato a destacar en los tiempos modernos es la gran relevancia que han tomado Internet y las redes sociales.

Nuestra era de tecnología e información ha sembrado una alta inseguridad en muchísimos campos, incluido el de cómo educar a los niños. Los padres de hoy en día se encuentran abrumados con tanta información. Y lo peor de todo es cuando encuentran consejos o datos contradictorios. «Y ahora ¿A quién hago caso?». «¿Debo cogerle en brazos si llora?», «¿Hasta cuándo le doy el pecho?», «¿Colecho sí o no?». Todas estas y muchísimas más preguntas surgen constantemente entre los padres, cuestiones que antiguamente nadie se planteaba. La crianza era mucho más intuitiva.

Es importante saber discriminar las fuentes de información y solamente seguir aquellos consejos que nos resultan sensatos y vienen ofrecidos de la mano de expertos en la materia.

Desde hace generaciones los padres criaban a sus hijos sin manuales, sin opiniones de expertos, sin foros y blogs...

¿Cómo lo hacían? Muy sencillo: usaban su instinto natural. Confiaban en sí mismos y los resultados, en su mayoría, eran satisfactorios.

Se apoyaban también en la familia, quienes con su experiencia y consejos ayudaban mucho.

Quiero recordar que nuestro instinto natural de crianza en ocasiones es suficiente para resolver muchas de las dudas que nos surgen. Cuando seas consciente de esta realidad, actuarás con más confianza y sin miedo, lo que ayudará a separar lo esencial de entre tanto flujo de información. Confía en tus instintos básicos y valores a la hora de educar.

> «Los brazos de una madre son de ternura y los niños duermen profundamente en ellos».
> Víctor Hugo

Por otra parte, desde hace unos años la imagen de la paternidad y maternidad que se ofrece en los medios está totalmente distorsionada. Nos muestran la imagen idealizada de unos padres perfectos que concilian sin problema sus fantásticos empleos con el cuidado del hogar y de los hijos. Siempre tan felices y sin cometer fallos. Sin embargo, este ideal al que se pretende aspirar suele ser inalcanzable, provocando una alta frustración y sentimiento de culpa. En la vida real no existen los padres perfectos, sino padres que se esfuerzan por sacar lo mejor sí mismos para criar a sus hijos y brindarles todo su amor, pero que tienen días malos, están cansados y se equivocan. Si pretendemos llegar a ser esos padres de revista, fracasaremos rápidamente en el intento. Debemos comprender que la tarea de ser padres es compleja y que todos somos humanos, cometemos errores y aprendemos de ellos.

La frustración que sentí al ser madre fue inmensa. Tenía una carrera profesional en marcha, una vida independiente y llena de aficiones que me llenaban: estudiar, leer, viajar, salir, y una visión muy poco realista de lo que iba a ser la maternidad.

Los primeros años pagué la ingenuidad de creer que mi vida iba a cambiar poco. Intentaba llegar a todo, ser la misma de antes, o lo más parecida. Incorporar a mis hijos a mi estilo de vida.

Pero la realidad siempre acaba imponiéndose. Y al final aprendí a reducir las expectativas, a dejar de lado muchas cosas, a renunciar para poder criar. Porque sí, la maternidad es un regalo en muchos sentidos, pero también es una gran renuncia.

Cuando fui capaz de aceptar esto, de adaptarme y posponer muchas cosas priorizando lo importante, empecé a disfrutar más la crianza.

Si además acabas de darte cuenta que tienes un hijo de alta demanda, olvídate de toda esa teoría irreal que venden en la televisión y en Internet. Tu maternidad probablemente no será como soñabas. No será fácil y habrá muchas cosas a las que harás frente que no habías visto en otras familias que usabas de referencia. Pero eso es lo bueno, tienes ante ti un libro en blanco que irás escribiendo sobre la marcha a tu manera, con tu instinto y experiencia y que es solo tuyo y de tus hijos.

«No, no será la maternidad o paternidad soñada. Con un poco de suerte, paciencia y cariño, será mucho mejor».

LA CRIANZA DE TU HIJO NO DEBERÍA SOMETERSE A DEBATE O ESCRUTINIO SOCIAL CONTINUO

Y sí, resulta una frase muy contundente y algo rebelde, pero es la verdad. Hoy en día todo se comenta y se critica. Todo el mundo juzga y manifiesta su opinión con ahínco, todo parece estar hecho para hacernos dudar y comparar. ¡Qué gran peligro!

Con el paso de los años hemos pasado de unos extremos a otros, de una crianza con un fuerte apego y muchas libertades, a defender una libertad de pura apariencia donde todo está regulado etapa por etapa y donde, si te sales de la rigidez de la norma, te conviertes casi automáticamente en un mal padre. Que si tiene que aprender a dormir solito antes de equis edad. Que si debe dejar el pañal antes de no sé cuántos años. Que si debes llevarle a la guardería antes de tantos meses. Déjale de dar la teta cuando tenga dientes. Propicia que se alimente solo o no sabrá comer de forma independiente nunca… Cientos de máximas cuyo incumplimiento parece desembocar en una tragedia irremediable. ¡Qué estrés!

Seguro que, siendo mamá de un niño de alta demanda, has sufrido en propias carnes el agobio de no saber si lo haces bien, porque nadie te ha preparado para esto y todos quieren guiarte de alguna forma.

Es inevitable que la gente te dé consejos que no has pedido: no te agobies, es lo más normal del mundo, pero debes aprender a hacer oídos sordos de ciertas cosas y afianzar la seguridad en ti mismo, en tu rol de padre o madre. No debes pedir permiso para criar a tu hijo. Ya sabes que un niño de alta demanda exigirá un poco más, tal vez no todos lo entiendan y debes prepararte para ello. Si tú dudas, si te afectan los comentarios, repercutirá en cómo críes a tu hijo y esto puede llegar a ser negativo. Sé el padre o madre que tu hijo necesita y que tú quieres y puedes ser, no el que otros esperan que seas.

¿Las claves de una paternidad/maternidad consciente y feliz?

- Respeta tu intuición.

- Escucha y atiende las necesidades y tiempos de tu hijo, no los marcados por una guía, una escuela o la sociedad. La naturaleza es muy sabia y sigue sus propios procesos. Y si algo crees que no anda bien, consulta siempre con un profesional: pediatra o psicólogo infantil, no con Dr. Google.

- Lo deseable es que te sientas feliz como padre o madre, no frustrado ni agobiado de manera constante. Si eso sucede, algo debes revisar, porque no estás fluyendo con la crianza.

- Lo más importante es que tu hijo esté sano y feliz, creciendo y desarrollándose en plenitud. ¿Cuándo se empeñaron en hacernos creer que hay algo más básico y trascendental que eso?

- No compares. No hay dos familias iguales, ni niños, ni sentimientos, ni valores… Cría según cómo eres y cómo sientes.

- Tal vez sea difícil de creer, pero internet no es la solución. Si el niño está enfermo, acude al pediatra y pide su valoración. Aprende a ser crítico con la información que recibes en internet y a filtrar. Como ya he dicho, escúchate a ti mismo como padre y a tu niño de alta demanda como hijo. Pero si te sientes desorientado, tienes dudas o necesitas información, busca fuentes de confianza, validadas, y no meras opiniones. Y pon en juego el pensamiento crítico.

ESTILOS EDUCATIVOS: PERMISIVO, AUTORITARIO, DEMOCRÁTICO Y OSCILANTE

El estilo educativo parental se refiere a aquellas estrategias y herramientas que emplean los padres para educar a sus hijos. Como no todos los padres son iguales, los estilos educativos tampoco lo son. Algunos son mejores que otros y por ello es importante saber cuál es vuestro estilo parental y el impacto que tiene en vuestros hijos. El estilo educativo se mide en tres aspectos concretos: **disciplina**, **afecto** y **comunicación**. Dependiendo de cómo sean estos, dará lugar a un estilo educativo u otro.

1. Estilo educativo Permisivo, *light* o indulgente:

Este modelo educativo puede parecer a priori el más sencillo de ejecutar o mantener, pues puede traducirse en un menos grado de implicación y una mayor filosofía de educar y enseñar a través de la propia «universidad de la vida». Lo padres permisivos se caracterizan por ser afectivos y mostrar preocupación por una comunicación fluida con sus hijos, sin embargo, no son muy exigentes en cuanto a la responsabilidad, madurez o implementación de normas, dejando que los intereses y deseos del niño sean los que marquen el ritmo. Permitir mucho, conlleva directamente exigir poco, en casi todos los aspectos. No se emplean demasiados castigos, pero tampoco premios. No se marcan límites, el niño aprende solo, la realidad le irá poniendo en su sitio. Hay mucho amor, pero escaso orden.

¿Las consecuencias? Lo más probable es que los niños criados bajo este estilo normativo sean entusiastas, alegres y vivaces, pero desprendan cierta inmadurez emocional que les dificulta el autocontrol y el manejo de la frustración.

Y es que, aunque a priori los límites o normas parezcan negativos, son lo que permiten hacer entender a los niños el respeto, la responsabilidad y las obligaciones. Formar con cariño en estos valores desde la infancia es mejor que esperar a que un revés de la vida se lo enseñe a las malas.

PADRES	HIJOS
Cariñosos y comunicativos.	Buena conducta social.
Sobreprotectores.	Exigentes y respetuosos.
Indiferentes.	Egoístas.
Escasa imposición de límites y normas.	Sin código de comportamiento marcado ni sentido de la disciplina.
Ceden a los deseos de los hijos.	Inseguros.

2. Estilo educativo Autoritario o *Heavy*:

Aquí tenemos el extremo opuesto, lo que le da valor al dicho «ni tanto, ni tan poco». Y es que este modelo educativo se sustenta, básicamente, en la frialdad y la rectitud. ¿Por qué digo esto? Porque este tipo de padres no dejan margen a la comunicación, son de los que usan la temida e irrebatible frase de: «porque lo digo yo y punto», sin escuchar las explicaciones o deseos de sus hijos. Son padres que siempre «tienen» la razón, que antes de que sucedan las cosas imponen su parecer o su castigo para evitar problemas futuros, que exigen mucho de sus hijos, quizá más de lo humanamente exigible y consideran que las muestras de cariño entorpecen la educación rígida y disciplinada que debe imperar en la familia.

Parece algo agobiante ¿Verdad? Pues sí, suele serlo y por eso los hijos educados en este entorno estricto suelen ser muy obedientes y sumisos ante sus padres, pero lejos de ellos se muestran más incontrolables, irresponsables y agresivos. Tiene su lógica. Si pasas la vida encerrado en una jaula viendo cómo los demás disfrutan, en el momento que sales, lo das todo. Una cosa es educar, establecer límites y normas, y otra muy distinta es coartar por completo la libertad del individuo. Por supuesto, la autoestima de estos niños es baja, pues están acostumbrados a la crítica y la exigencia, además de ser más propensos a los sentimientos de culpabilidad y depresión.

PADRES	HIJOS
Poco cariñosos y muy estrictos.	Baja autoestima.
Poco comunicativos.	Inmadurez.
Imposición estricta de normas y control rígido.	Escaso control de los impulsos.
Castigos desproporcionados.	Poca constancia y persistencia en la consecución de objetivos.

3. Estilo educativo negligente o ausente:

Este estilo comparte puntos en común con el modelo autoritario, pues también se muestra frío y distante. Aquí, sin embargo, y como añadidura, los padres suelen involucrarse poco o nada en la vida y educación de sus hijos. Son padres más centrados en sus propias vidas con escasa sensibilidad a las necesidades de los hijos. Este punto de egoísmo hace que no participen mucho en la crianza de los niños (ni para bien, ni para mal), aunque cuando llega algún conflicto que les afecta de manera especial, pueden llegar a ser muy estrictos y controladores, siendo capaces de imponer castigos desmedidos sin dar ni una sola explicación al respecto (otro tipo de «porque lo digo yo y punto»).

Esta falta de guía y compañía desemboca en niños de baja autoestima, con conocimiento y respeto escaso por las normas, baja inteligencia emocional o empatía y muy vulnerables al entorno.

PADRES	HIJOS
Poco cariñosos y comunicativos.	Baja autoestima y falta de confianza en sí mismos.
Pocos límites y control.	Conductas agresivas.
Falta de implicación.	No valoran el esfuerzo personal.
Demasiada libertad, así los hijos no les molestan.	Trastornos psicológicos y afectivos.
	Irresponsables.

4. Estilo educativo equilibrado o democrático:

Y como su propio nombre indica, en el equilibrio está la clave. Ni mucho, ni poco. La educación debe ser una balanza donde amor y disciplina se compensen. Todos debemos aprender a exigir y disfrutar de nuestra libertad, nuestra individualidad, gustos y deseos, pero también debemos respetar los derechos de los demás, las normas y los límites que nos permiten vivir en sociedad. Por eso este estilo educativo es siempre el más recomendable en general, pero sobre todo de cara al niño de alta demanda, que necesita dosis muy fuertes de amor, pero también hay que mostrarle el camino de las normas y el autocontrol.

Esta educación se centra en el afecto, pero un afecto que no esté reñido con unos padres que exigen y se muestran firmes, que imponen normas y esperan de sus hijos cierta madurez (pero respetando y ajustando los límites a cada una de las etapas de su desarrollo). Son padres que fomentan la comunicación y la confianza, preocupados por atender las necesidades de sus hijos. No son partidarios de la imposición sin más, sino del dialogo y la justificación para favorecer la reflexión del niño y su aprendizaje. Se trata de buscar la autonomía y mejora constante del niño, una evolución creciente y favorable, pero a través del cariño y el diálogo, creando un entorno seguro y cálido parta crecer.

Tener las dos cosas buenas de la balanza implicará que el niño desarrolle más competencias sociales, tenga más confianza en sí mismo y conozca el valor del esfuerzo.

PADRES	HIJOS
Cariñosos y muy comunicativos.	Alto nivel de autocontrol y autoestima.
Normas y límites claros adaptados a la edad del niño.	Confiados y persistentes.
Fomentan la autonomía.	Cariñosos, independientes, con buenas competencias sociales.
	Con valores morales interiorizados.

«Dime y lo olvido, enséñame y lo recuerdo, involúcrame y lo aprendo».
BENJAMIN FRANKLIN

Hemos estado hablando por un lado, de esos rasgos de temperamento que distinguen al niño de alta demanda, y con los que nacen. Y por otro lado hemos hablado del papel de los padres. Entonces... ¿qué tiene más impacto en el desarrollo del niño? ¿El estilo educativo de los padres, el ambiente en que se cría o su propio temperamento?

En psicología hay varias teorías y estudios que han tratado de establecer qué pesa más en el desarrollo de la personalidad de un niño: si la genética o el ambiente. Es lo que se llama «Interacción genes x ambiente» y se ha llegado a la conclusión de que ambos influyen y más o menos tienen el mismo peso. Es decir, que tanto definirán su personalidad sus rasgos de personalidad como nuestro estilo educativo y el ambiente en que crezca.

Otro aspecto importante está relacionado con la reacción que provoca el niño en el adulto. Un niño tranquilo, que no se queja demasiado, que tiene un talante fácil, recibe muchas interacciones positivas del adulto. Un niño que llora mucho, que interrumpe constantemente, que monta rabietas por todo, recibe muchas interacciones del adulto, pero en este caso negativas.

Es importante que seas consciente de esto. Un niño de alta demanda es un niño agotador, que dirá «mami» o «papi» 100 veces al día mínimo, que exhibirá reacciones exageradas por cualquier contratiempo o que montará un drama a la mínima. Eso posiblemente haga que estés constantemente corrigiéndole o regañándole.

Piensa en como afectará eso a su autoestima o a su autoimagen.

—Mami, soy muy pesada, ¿verdad? —me dijo mi hija un día.

Y me dio mucha pena y me sentí fatal, porque es algo que yo le decía a menudo. Frases como: «Leyre, por favor, no insistas más, me lo has dicho 20 veces, no seas pesada» salían de mi boca sin yo darme ni cuenta. Y la verdad es que es tan repetitiva y tan perseverante que realmente puede resultar desquiciante a veces. Me siento mal por sentirlo, pero es la realidad. Pero peor me siento por trasladárselo a ella. No quiero que mi hija crezca pensando que es una pesada. Así que es algo que tengo que esforzarme por cambiar.

«Siempre pedimos un manual que nos facilite la crianza de nuestros hijos. Sin embargo, ellos mismos son esa guía que, día a día, etapa por etapa, a través de su personalidad, necesidades, virtudes y gestos, nos van enseñando a ser padres. Y no unos padres cualquiera, sino SUS padres, justamente los que ellos quieren y necesitan».

CAPÍTULO 3

LA NECESIDAD DE ATENCIÓN Y CONTACTO FÍSICO

¿QUÉ ES VERDADERAMENTE NECESARIO PARA EL BEBÉ?

Tras las primeras pinceladas del capítulo uno, ya conocemos las características principales de un niño de alta demanda. La necesidad de atención continua y de un contacto físico casi permanente con su cuidador son rasgos que, si bien son entrañables a ratos, suponen también una exigencia agotadora para los padres en determinados momentos.

Estos padres están ya acostumbrados a los típicos comentarios de:

«No lo cojas tanto en brazos que se acostumbra».
«Es malo que duerma con vosotros en la cama».
«Déjalo llorar, hace con vosotros lo que quiere».
«Llévalo pronto a la guardería, así se socializa».

Estas y muchas otras frases similares suenan con frecuencia a nuestro alrededor. Familiares, amigos, e incluso desconocidos, nos hacen este tipo de comentarios capaces de generar inseguridad y culpabilidad. Y lo que es peor es que hay algunos profesionales de la salud y la psicología infantil que también defienden estas premisas.

> Úrsula, es que no me aclaro con el bebé. Solo quiere «bracitos», no me puedo separar de él ni un minuto. Hago todo con él en brazos. Si intento dejarlo en la cuna o la sillita, se pone enseguida a reclamar, llora y grita... y además si no le atiendo rápido el berrinche puede ser monumental. Me he acostumbrado a anticiparme, a prevenir la explosión, así que voy siempre en alerta, por delante de él. ¡No me deja ni hablar por teléfono! En cuanto atiendo una llamada, se pone a berrear como un loco. Parece que le sienta mal que le preste atención a otra persona que no sea él. Yo no sé qué hago mal, de verdad.

Lo que Clara me contaba en consulta es una situación que seguramente, si estás leyendo este libro, te suena. Porque si tu hijo es un niño de alta demanda sabes muy bien de qué está hablando. Clara se sentía insegura, desbordada y agotada. Y también incomprendida.

* * *

La sociedad avanza a un ritmo vertiginoso y eso tiene numerosos aspectos positivos. Sin embargo, a veces se nos olvida lo más básico, los seres humanos somos animales, no máquinas y, como tales, gran parte de nuestra conducta está predeterminada genéticamente. ¿Qué significa esto? Que hasta el gesto más mínimo obedece a una lógica y a una justificación, sucede por y para algo.

El llanto para pedir «bracitos» es porque el bebé necesita consuelo, afecto, tiene alguna molestia, etc.

Querer estar cerca de mamá o papá no es sinónimo directo de estar «enmadrado». Anhelar estar cerca de los padres responde a la necesidad de sentirse seguro y protegido. Un bebé es un ser frágil y dependiente que nos necesita para sobrevivir. Durante millones de años, en los inicios de la humanidad, el llanto del bebé garantizaba que la madre, que le depositaba en el suelo para alejarse unos metros a recoger frutos, fuera capaz de encontrarle y regresar a por él.

Así que, si tu pequeño llora desesperadamente cuando te alejas, tienes un niño muy sano y de los que, sin duda, hubiera sobrevivido en la prehistoria.

«El niño de alta demanda suele ser considerado por el entorno como un malcriado. Pero precisamente suelen ser los niños mejor criados, ya que saben expresar con contundencia sus necesidades».

La psicología comparada y la psicología evolutiva pueden ayudarnos un poco a comprender esto. Como animales mamíferos que somos, hay una serie de aspectos relacionados con la crianza que nos asemejan a otros animales. Entender a un bebé no es sencillo, pero si observamos los ejemplos más básicos presentes en la naturaleza tal vez podamos asimilar mejor qué es lo verdaderamente esencial para nuestros pequeños.

No hace falta irse muy lejos para conocer el funcionamiento de los mamíferos (grupo al que pertenecemos) en cuanto a la maternidad. Por ejemplo, tanto en perros como gatos, nuestros animales de compañía por excelencia, la gestación se produce dentro del cuerpo de la hembra. Tras el parto, existe un período más o menos largo en que las crías permanecen todo el tiempo junto a la madre, quien se ocupa de alimentarlos y asearlos.

En un principio, el recién nacido, única y exclusivamente, toma leche materna. La madre solo se aleja de las crías para hacer sus necesidades y alimentarse. Por lo general este período coincide con la recuperación del parto.

Hasta aquí, resulta familiar, ¿Verdad? Las primeras semanas la historia no cambia para la mayoría de madres humanas.

Conforme las crías de nuestro ejemplo animal crecen, la madre va dejándolas solas durante períodos de tiempo más largos ya que, a la par, son los propios cachorros quienes van sintiendo el deseo de alejarse para ir explorando el entorno.

La madre, mientras tanto, siempre ojo avizor y sin separarse en exceso, favorece este aumento de independencia, permitiendo que sus pequeños vayan distanciándose cada vez un poco más. Progresivamente, comienzan a comer otros alimentos hasta que se abandona definitivamente la lactancia.

Cuando esto pasa, la madre recupera más libertad de movimientos y vuelve a ocuparse cada vez más tiempo de las tareas y conductas propias de su especie: cazar, asearse, jugar etc.

Para los humanos es exactamente lo mismo. Si hubiéramos sustituido el término «crías» por «bebés», el ejemplo habría sido igual de válido para nosotros.

Cuando me quedé embarazada de mis mellizos tenía 29 años. Era mi primer embarazo. Estaba llena de ilusión y expectativas. Y dediqué muchísimas horas durante el embarazo a dos cosas: imaginarme como serían los bebés y mi vida con ellos, y a buscar en internet habitaciones infantiles, carritos gemelares y todo tipo de cosas que pensaba que necesitaría. Entonces (y no soy tan vieja), no había la cantidad de redes sociales que hay ahora. De hecho, no existían, o al menos no eran populares Facebook ni Instagram. De lo que estoy segura es de que yo no tenía redes sociales. Aun así, en mi mente creé una visión de la maternidad que nada tuvo que ver con la realidad. Nadie me preparó para aquellos días en los que, al llegar la noche, me daba cuenta de que ni me había duchado. Nunca pensé que estaría días enteros (con sus noches) sin dormir. Una detrás de la otra. Nadie me preparó para el llanto *non-stop*...

Y ese fue el problema. No que mis niños quisieran dormir a mi lado, ni que necesitaran consuelo o bracitos, o que no quisieran separarse de mí. Ese no era el quid de la cuestión.

El problema es que la sociedad nos vende una maternidad falsa. Una maternidad donde al mes de parir te pones tus vaqueros. Donde el niño come y duerme hasta la siguiente toma a las 3 horas. Donde sí, me habían hablado de los cólicos, pero no de ESE NIVEL de llanto desesperado. Una maternidad donde estás feliz y dichosa con tu sonrosado bebé dormido en el cochecito mientras paseas al sol y las señoras te paran para asomarse y verle la carita.

A mí las señoras me paraban durante los paseos, pero para preguntarme: «Ay pobrecita: ¿Qué le pasa?». Porque mi hija odiaba los paseítos en el cochecito. Lloraba como una desesperada. Así que dejé de sacarla a pasear. Aquello era horroroso. Todo el mundo miraba a mi hija berreando, yo me ponía súper nerviosa. Sus gritos se me clavaban en el cerebro y solo pensaba: «¿Por qué no es como los demás bebés? ¿No puede simplemente disfrutar del paseo?»

Mis vaqueros tardaron años en volver a entrarme. Y lo de alargar entre tomas… bueno, qué os voy a contar.

Todas esas irreales expectativas chocaron de frente con mi realidad. Y me sentí infeliz, torpe y cansada permanentemente. Y muy sola.

Si no hubiera tenido esas falsas creencias, mi película mental creada durante el embarazo habría sido otra. Habría aceptado (como lo hice en mi segundo embarazo) que necesitaría muchos meses exclusivamente para atender al bebé. Que se abriría ante mí un tiempo en que nada sería igual. No habría tenido tanta prisa por retomar mi vida anterior. Simplemente, habría abrazado la maternidad como lo que es. Y la habría disfrutado también. Porque esa distancia entre la maternidad real y la maternidad ideal crea una brecha que solo genera angustia y frustración, haciendo que estemos más en la falta que en lo que sí tenemos.

Los recién nacidos necesitan estar junto a su madre el mayor tiempo posible, tanto física como emocionalmente. Socializar, aprender a calmarse solos, dormir toda la noche en su cuna, echar siestas en horas determinadas… son más necesidades de los adultos que de los niños. De hecho, si tu hijo es un niño de alta demanda, ya habrás podido comprobar que, antes que jugar o salir a la calle, una de sus necesidades principales es tu atención y tu afecto, tanto como el comer o el dormir y en una medida más llamativa que lo que anteriormente habías visto en otros niños.

«El niño de alta demanda prefiere las personas antes que las cosas».

Natalia, mamá de un niño de alta demanda:

La alta demanda es evidente desde el nacimiento, pero se ha ido reafirmando con el paso del tiempo. Mi hijo ya tiene dos años y la vehemencia de sus reclamos e intensidad de sus características no se han reducido lo más mínimo. El contacto físico (principalmente conmigo, con quien tiene el vínculo de apego más fuerte) es una necesidad vital. No se trata de una manipulación o un berrinche forzado cualquiera, el niño reclama mi atención y mis brazos con verdadera desesperación, como si su vida dependiera de ello, como si fueran el único consuelo posible. Va creciendo y a veces alcanzamos cierto equilibrio, lo que me concede más libertad cuando pasa tiempo jugando con los abuelos, su tío o su padre, pero fuera de los momentos de ocio, su anclaje a la vida soy yo. Siempre necesita la presencia de un adulto que interactúe con él, no sabe calmarse solo y termina entrando en colapso. Pensé que la ansiedad por separación se iría superando, pero esto es algo que va más allá. Es algo que entremezcla su temperamento, necesidades y demanda con el apego tan férreo que hemos construido. No, no se puede resumir en un simple «te manipula pidiendo bracitos», «está mal acostumbrado» o «eso es chantaje emocional». Es mucho más complejo que todo eso y, sobre todo, es mucho más real, una necesidad real de cariño y calma, pues el niño de alta demanda no suele saber echar el freno por sí solo. Una mezcla explosiva y enternecedora por igual. Su sensibilidad y necesidad de afecto es desmesurado, no todos lo entienden, pero es parte de su maravillosa personalidad.

EL VÍNCULO DE APEGO

El vínculo de apego es el estrecho lazo relacional que se crea entre el niño y su cuidador principal, que suele ser la madre. Esta teoría se remonta a los años posteriores a la Segunda Guerra Mundial, cuando el británico John Bowlby, dedicado a la psicología infantil, comenzó a estudiar los efectos de la contienda en sus pacientes, así como a realizar numerosos experimentos para comprender el desarrollo infantil. De hecho, sus conclusiones no solo fueron consultadas por la OMS, sino que servirían de base a la «Declaración de los derechos del Niño» de 1959.

Y es que, aunque algunos no lo crean, el vínculo de apego comienza a forjarse antes incluso de que nazca el bebé. Es lo que llamamos Apego Prenatal y se establece a través de tres componentes:

1. Componente Cognitivo:
   · Las representaciones que es capaz de recrear la madre sobre el feto.
   · La capacidad de la madre de otorgar características físicas y psicológicas al niño no nacido.

2. Componente Emocional:
   · Capacidad de ser sensible ante el estado en que se encuentra.
   · Dar de sí misma a lo largo de todo el embarazo.
   · Interactuar con el feto durante el proceso de gestación.
   · Preocuparse por él y su seguridad.

3. Componente Comportamental:
   · Asunción de los roles maternos.

- Prácticas de autocuidado: comer bien, abstenerse de consumir sustancias dañinas, cuidar su estado físico, preparación al parto...
- Preparar el entorno del niño en el hogar.

Este apego prenatal evoluciona y se desarrolla de manera secuencial y ordenada durante todo el curso del embarazo. En el primer trimestre es normal observar niveles relativamente bajos de unión prenatal. Más adelante, cuando comienzan las primeras patadas, el aumento de la tripa se hace más evidente y se afianza la nueva realidad, la conexión también crece y se manifiesta en conductas espontáneas y entrañables como hablar con el feto, acariciarse la barriga, buscarle nombre, atribuirle comportamientos en la recta final del embarazo («Se está estirando»; «a esta hora suele estar dormido y tranquilo»; «tiene hipo»; «está inquieto»).

Los padres también empiezan a desarrollar el vínculo de apego durante el embarazo, aunque para ellos es menos palpable ya que no pueden experimentarlo directamente.

Una vez llega al mundo el retoño, el vínculo de apego se estrecha y se va haciendo más fuerte con el tiempo. ¿Cómo? A través de varias fases de distinta relevancia según crece el bebé:

- FASE DE PRE-APEGO: Desde el nacimiento hasta las seis primeras semanas. Se afianza mediante la sonrisa, el lloro y la mirada. El bebé atrae la atención y responde a los estímulos de otras personas.

- FASE DE FORMACIÓN DE APEGO: Desde las seis semanas hasta los seis meses de edad. El bebé orienta su conducta y responde a su madre de una manera más clara. Aún no muestra ansiedad frente a la separación de la madre, sino que presenta enfado por la pérdida del contacto humano.

- FASE DE APEGO PROPIAMENTE DICHA: Entre los seis y ocho meses hasta los dieciocho/ veinticuatro meses. El vínculo afectivo hacia la madre es muy claro y evidente, mostrando gran ansiedad y frustración cuando se separa de ella.

- FORMACIÓN DE RELACIONES RECÍPROCAS: Desde los dieciocho meses en adelante. En esta fase aparece el lenguaje y la capacidad de representar mentalmente a la madre, lo que le permite percibir su entorno. Es lo que llamamos «Teoría de la Mente», cuyas capacidades fueron estudiadas de forma pionera por el antropólogo y psicólogo Gregory Bateson. El bebé empieza a ser consciente de que es un ser independiente de su madre y que, tanto su madre como el resto de personas, tienen sus propios pensamientos y emociones.

LA NECESIDAD DEL VÍNCULO DE APEGO

Así que, si aún quedaban dudas, debo decirlo de nuevo: lo que necesita un recién nacido es estar con su madre. Así de sencillo. A su manera, tu hijo de alta demanda te lo habrá estado diciendo ya de forma repetitiva.

En realidad, hasta casi los dos años, la figura principal de apego será normalmente la madre. Esto no significa que no haya otras figuras muy importantes, como el padre, los hermanos o los abuelos. Sin duda, jugarán un papel importantísimo en su desarrollo y le aportarán infinidad de cosas. Sin embargo, el bebé necesita una figura principal a la que vincularse afectivamente y que le proporcione seguridad, cuidados y amor (generalmente la madre, gracias al vínculo del embarazo, el parto, la lactancia…).

Como ya he mencionado, John Bowlby, que fue uno de los psicólogos que más se ha dedicado a estudiar los vínculos de apego en la infancia, constató durante la década de los cincuenta que los niños que no tenían esta figura principal de apego, aquellos que, en contrapunto, tenían varios cuidadores o estaban en centros de acogida, desarrollaban unos estilos a la hora de relacionarse que podían caracterizarse por la inseguridad, las conductas de rechazo, la demanda excesiva, el desapego, etc.

En sus estudios descubrió que aquellos niños que sí disfrutaban de un apego seguro y estable eran más confiados, seguros de sí mismos y del entorno, y desarrollaban su independencia con naturalidad.

«Como haces sentir a tus hijos dice mucho de ti».

Evidentemente, este último planteamiento es el ideal para todos. No se puede negar que una madre que pueda dedicarse en exclusiva a la crianza durante los dos primeros años como mínimo representa el mejor escenario posible para el niño. Pero la realidad es otra. Nuestra sociedad nos exige una serie de demandas que chocan directamente con lo que sería deseable para nuestros bebés. Además, cultural y socialmente las mujeres también tienen otros intereses y deseos que, a veces, son incompatibles con ese ideal.

Ahora bien, con todo esto no estoy diciendo que sea imprescindible aparcar nuestra vida laboral durante varios años para criar a los niños. Tampoco creo que sea necesario que los niños permanezcan hasta los dos años sin ir a la escuela infantil o que la madre se ocupe exclusivamente del cuidado del niño.

Sin embargo, sí abogo por una maternidad y paternidad consciente y responsable. En la que sepamos qué es lo deseable para el niño y, a partir de ahí, hagamos lo que esté en nuestra mano para que la realidad se ajuste a esta máxima.

Cuanto más pequeño es nuestro hijo, más tiempo necesita que pasemos con él. Esa debería ser la medida que tomemos y esto es algo especialmente visible e importante en los niños de alta demanda.

Tocarle, abrazarle, cogerle en brazos, besarle... Todo lo que podamos y más. La primera etapa del bebé es una fase irrepetible y determinante para su desarrollo futuro. Estar con los padres es importante para él, ayudará a fortalecer el vínculo de apego y a ofrecerle un entorno seguro en el que crecer.

Si hay que llevarle a la guardería, es perfectamente aceptable hacerlo, pero, si es muy pequeño, deberíamos intentar que fuese el mínimo de horas posible. Permitir a los abuelos que disfruten y nos ayuden en sus cuidados aligerará nuestra carga y ofrecerá vínculos alternativos al pequeño. Pero no se trata de enviarle a la guardería «para que socialice» si podemos cuidarle nosotros o los abuelos. Un niño tan pequeño ni tiene ni siente esa necesidad. A eso me refiero cuando hablo de Crianza Consciente.

Una cosa es adaptarnos a la realidad con sentido común y según las circunstancias, y otra muy distinta es guiarnos por consejos antinaturales que no favorecen el desarrollo del niño y que, además, pueden tener secuelas negativas para él.

Una buena paternidad no está reñida con tener tiempo para nosotros mismos o trabajar fuera de casa. No hay que confundir términos ni sentir que debemos renunciar a nosotros mismos. La armonía es posible, conseguir lo mejor para el bebé y para los padres no es una quimera. Unos papás felices y relajados criarán niños felices y relajados.

> «Tu amor incondicional es el cimiento
> de su estructura emocional».

Por otra parte, muchos conservarán la duda, ¿De verdad es bueno que el niño establezca el vínculo de apego con otras personas? ¿Es esto posible y positivo para un niño de alta demanda?

Sí, es positivo, aunque ya hemos dicho que existe una primera fase donde dependerá en mayor medida de un solo cuidador. Relacionarse y afianzar lazos con otras personas favorecerá su desarrollo emocional y sus capacidades sociales.

Contar con varias figuras de apego proporciona una base segura más amplia. Lo ideal es que quienes vayan a ayudar en el cuidado del niño se incorporen desde el inicio, favoreciendo un vínculo emocional temprano que asegure estabilidad y continuidad, que esas personas de referencia no cambien con frecuencia.

TIPOS DE APEGO

Ya has visto lo importante que es el vínculo de apego, pero ver los tipos de apego que establecemos los padres con nuestros hijos y las consecuencias que tienen en ellos te ayudará a entender mejor por qué es tan importante establecer un apego seguro. Las implicaciones son tan fuertes que afectarán a la consolidación de su armazón emocional y de su personalidad, pero no solo durante la niñez, sino a lo largo de toda la vida.

El propio John Bowlby, escribió en un artículo para la OMS titulado «Cuidado maternal y salud mental» que un estilo de apego afectivo seguro era precursor de un consecuente desarrollo emocional saludable.

★ Apego seguro:

El niño inicia la interacción por un estado de necesidad (incomodidad, dolor, malestar, llanto...)

Conducta del adulto
• Se involucra más con el niño.
• Responde más a sus señales.
• Su respuesta es más apropiada.
• Expresa más emociones positivas y menos negativas.
• Disfruta del contacto físico.
• Habla afectuosamente del niño.

Conducta del niño
- Desarrolla seguridad y confianza en si mismo y en otros.
- Invita a jugar o interactuar.
- Muestra iniciativa.
• Buena disposición ante reglas y límites.

★ Apego inseguro-ambivalente:

El niño inicia la interacción por un estado de necesidad (incomodidad, dolor, malestar, llanto...)

Conducta del adulto
- Inconsistencia en la disponibilidad.
- Insensibilidad ante las necesidades del niño.
- Muestra poco afecto positivo.
- Poca respuesta al llanto del niño.
- Menor comunicación verbal.
- Mayor distanciamiento físico.

Conducta del niño
- Dependencia exagerada.
- Falta de autonomía.
- Comportamiento colérico, vigilante, indefenso.
- Difícilmente se consuela.
- Tiene poca o nula interacción con los otros.
- Llanto e irritabilidad.
- No acepta reglas y limites fácilmente.

En el caso del apego inseguro-ambivalente las carencias pueden llegar a manifestarse en sus diferentes etapas con comportamientos, en su mayoría, nocivos y autodestructivos.

- Cuando cumpla los **dos años**, el niño podría llegar a presentar dificultad en la exploración y la curiosidad, tan típicas a su edad. Además, en algunos casos pueden sufrir de un gran vacío afectivo, lo que se traduce en frustración, miedo y resentimiento.

- En el momento que alcance los **cuatro años**, es frecuente que se observe en él el uso de estrategias coercitivas tales como la agresividad, chantaje o manipulación. En el contexto escolar, probablemente será un alumno con dificultad en la atención y concentración, demandando ayuda de forma constante. Por otra parte, sus interacciones sociales estarán marcadas por una continua búsqueda de aprobación, los celos, la rivalidad injustificada y la posesividad.

- Ya llegado a la **adolescencia**, el niño que ha desarrollado un apego inseguro a menudo seguirá con el efectivo empleo de sus estrategias coercitivas pues, de todas formas, tendrá grandes dificultades para empatizar con los demás. Su falta de responsabilidad y control le llevarán a conductas impulsivas y agresivas.

★ Apego inseguro-evitativo:

Por supuesto, este tipo de apego también puede llegar a tener consecuencias negativas en el crecimiento del niño.

- Hasta los **dos años** es probable que se marque en el pequeño una acentuación o inhibición de la autonomía.

- En torno a los **tres y cinco años** de edad pueden aparecer las primeras manifestaciones de evitación: prioriza actividades, cosas y objetos a las personas de su entorno.

- Desde los **seis años** es frecuente ver a un niño con baja autoestima, representación de los otros como no disponible y no confiable.

- A partir de la **adolescencia** estos niños pueden llegar a mostrarse demasiado independientes y autosuficientes, con dificultad para pedir ayuda, compartir y reflexionar sobre sus experiencias personales y sintiéndose incómodos ante la cercanía afectiva.

Y AHORA LO MÁS IMPORTANTE: ¿CÓMO FOMENTAR EL APEGO SEGURO?

Ya hemos explicado que el niño de alta demanda no llora o se queja simplemente porque quiera llamar la atención o esté «malacostumbrado», como muchas veces nos dicen, sino que tiene unas necesidades de atención y afecto más intensas. Atenderlas nos abrirá las puertas del apego seguro. No hacerlo, sin embargo, puede llegar a desembocar en lo que en psicología se conoce como «Indefensión aprendida». Se trata del aprendizaje que supone para un niño en este caso (aunque los estudios también han sido coincidentes para adultos y animales), el ver que la conducta que emite no obtiene ningún tipo de respuesta.

Es el caso del pequeño que, sintiéndose solo, con hambre o con miedo, comienza a llorar desde su cuna buscando el consuelo de sus cuidadores. Llorará una vez, dos, tres, insistirá buscando que atiendan sus reclamos, pero llegará un momento en que aprenderá que, por más que lo intente, no acudirán a calmar su llanto. Sabrá que, con esa conducta no obtendrá la respuesta que necesita y por lo tanto, dejará de hacerlo, dejará de llorar.

¿Qué ocurre en estos casos? Que el niño desarrolla una indefensión aprendida. El mensaje que le hemos enseñado es que da igual lo que haga, no va a tener lo que está pidiendo. En el futuro será frecuente que estos niños dispongan de pocos recursos para aliviar el malestar pues estarán predeterminados a pensar que nada de lo que intenten será de utilidad. Por supuesto, esto es un obstáculo en la creación de un vínculo de apego seguro.

Hay algo que debemos elegir cuando nace nuestro hijo: ¿Qué legado queremos dejarle? Podemos pensar en muchas cosas: una buena educación, determinados valores, que sea buena persona...

Pero hay algo que antecede a todo lo demás: el amor incondicional. Este regalo solo se lo podéis hacer vosotros, sus padres. Nadie en el mundo podrá amarle incondicionalmente, excepto el padre y la madre. Y un niño que se siente amado incondicionalmente, es un niño seguro, confiado, y con una buena autoestima. Y no hay amor incondicional sin un buen vínculo de apego.

> «Hay un solo niño bello en el mundo,
> y cada madre lo tiene».
> José Martí

¿Cómo podemos fomentar un apego seguro?

En cada fase de su desarrollo podemos trabajarlo de la siguiente manera:

1. Etapa prenatal:
   · Preocuparte por tu salud, acudir a los controles médicos, a la preparación al parto, organizar todo para la llegada del bebé.
   · Hablar, acariciar la tripa y sentir a nuestro bebé.
   · Manejar el estrés y la ansiedad.

2. Etapa preescolar:
   · Favorecer el contacto piel con piel.
   · Atender sus llantos y darle consuelo, mostrando sensibilidad y comprensión.
   · Validar sus emociones, no censurarlas.
   · Satisfacer el resto de sus necesidades: dormir, comer, explorar, aprender, reír, jugar…

3. Etapa escolar:
   · Practicar la escucha activa y favorecer una buena comunicación.
   · Aceptarle de forma incondicional, respetar sus emociones y permitirles que las expresen.
   · Fomentar la práctica de actividades conjuntas y que sean atractivas para el niño.
   · Cuidarles y protegerles, pero al mismo tiempo fomentar su autonomía.
   · Mostrarnos presentes y disponibles para ellos.

4. Etapa adolescente:

· Respetar su privacidad.

· Permanecer ahí para ellos, pase lo que pase con el objetivo de seguir siendo su referente emocional cuando lo necesiten.

· Respetar quién es, sus gustos y su carácter, fomentando una comunicación bilateral que cree un entorno de confianza en el hogar.

· Un marco normativo reflejará coherencia y fiabilidad por parte de los adultos. Queremos acercarnos a nuestros hijos, pero que no nos confundan con un amigo.

· Buscar puntos en común, actividades, hobbies y experiencias que ayuden a empatizar y disfrutar de tiempo de calidad juntos.

«Para cuidar el vínculo con tu hijo adolescente: cada mañana borrón y cuenta nueva. No arrastres los enfados.»

El vínculo de apego debe ser cuidado y mimado durante toda la vida:

• Debes seguir cultivando y cuidando tradiciones afectivas sencillas como, por ejemplo, el beso antes de ir a dormir, las comidas en familia, los paseos de los domingos… aunque se haga mayor.

• Trata de encontrar hobbies en común con cada uno de los hijos y practicarlo juntos: dibujar, ajedrez, deporte… esto es garantía de unión para toda la vida.

- Pasar tiempo a solas y de calidad con cada uno de tus hijos, procurándoles de vez en cuando «momentos especiales» que siempre recordarán: experiencias, viajes…

- Cuida mucho la comunicación: interésate por sus asuntos, cuéntale tus cosas, escúchale atentamente, y permanece disponible emocionalmente para ellos.

- Respeta quiénes son y cómo son.

Después de todo lo que hemos visto en este capítulo, me gustaría decirte algo: Coge a tu hijo en brazos todo lo que quieras. Duerme con él, habla con él, portéalo… haz lo que quieras y lo que creas que necesita. Tócale, háblale, cántale, bésale y ten claro que demasiado amor nunca es malo, y que no tiene que ver con sobreprotegerle o mimarle en exceso. Eso se produce por otras cosas, pero no por éstas.

> «Es nuestra responsabilidad conocer
> bien la personalidad de nuestros hijos
> y cuáles son sus necesidades. No todos
> los niños necesitan lo mismo.»

CAPÍTULO 4

LA HIPERSENSIBILIDAD

¿QUÉ ES?

Si tu hijo es de alta demanda, habrás tenido la oportunidad de comprobar que su gran sensibilidad lo impregna todo. Y es que el niño de alta demanda sufre mucho, es ansioso y preocupadizo, le da muchas vueltas a las cosas y, en general, vive las emociones con mucha intensidad. Por supuesto, esto significa que también es muy sensible a las críticas.

Primero, es importante tener claro qué es la sensibilidad, para así poder identificarla en tu hijo:

Comúnmente se entiende por sensibilidad aquella capacidad propia e inherente a cualquier ser vivo de percibir sensaciones por un lado y por el otro, de responder a pequeños estímulos o excitaciones. Esta capacidad se pone en práctica gracias a los sentidos que ostentamos los seres vivos, tacto, gusto, oído, olfato, vista y que nos permiten percibir las variaciones químicas o físicas que se producen tanto en nuestro interior como en el exterior.

En otras palabras, con la siguiente lista, podrás conocer más fácilmente cuáles son las características principales que definen a un niño sensible:

- Experimenta con <u>intensidad</u> todas las emociones: miedo, felicidad, ira… Cualquier emoción la amplifica más que los demás. Pero no solo las suyas, también le afectan mucho las de las personas de su entorno.

- Vive en un <u>plano más profundo</u>: Reflexiona y analiza cualquier dato o emoción que le llega tanto de fuera como de dentro. Es un niño muy analítico.

- Es <u>observador</u>: Le gustan los detalles, observar tanto a las personas como lo que ocurre a su alrededor. Por ejemplo, puede quedarse embobado por las hojas cayendo de un árbol u observando a una hormiga caminando por el jardín. Es contemplativo.

- Suele ser muy <u>educado</u>: A las personas sensibles les gusta agradecer o pedir por favor las cosas. Suelen ser complacientes y considerados, no les gusta herir a los demás.

- Puede ser <u>indeciso</u>: demasiado darle vueltas a las cosas a veces influye en que le cueste decidirse.

- Es más <u>vulnerable</u> a padecer ansiedad o depresión: Especialmente si ha estado expuesto a situaciones desagradables en las primeras etapas de la vida.

- De más mayorcito, puede expresar <u>interés por el arte</u>: música, pintura, escultura...en general sabe apreciar la belleza.

- A menudo es un niño que se siente <u>abrumado</u> por sus propias emociones o pensamientos y, por supuesto, los ambientes estresantes le perturban. Es posible que le veas hiperestimulado cuando hay mucha gente, otros niños, o estáis en un ambiente sobrecargado de estímulos.

- <u>Empático</u>: Tiene una habilidad natural para ponerse en el lugar del otro y comprender sus emociones.

Lila. Mamá de un niño de 7 años de Alta demanda:

A veces siento como si mi hijo fuera demasiado sensible. De verdad Úrsula, todo le afecta muchísimo, cambia fácilmente de humor, no se le puede decir nada porque reacciona muy mal ante cualquier crítica. Cuando le regaño por algo se siente profundamente herido, como si le hubiera dicho una barbaridad. Y se preocupa tanto por las cosas... Le da muchas vueltas a todo y se pone ansioso si no tiene todo bajo control. Por otra parte, es un niño encantador: súper afectuoso, sociable, amoroso, se preocupa mucho por los demás... Es un encanto. Pero sufro por verle sufrir así.

***

Cuando Lila hablaba durante la consulta, angustiada al ver que su hijo exhibía esta hipersensibilidad, conecté enseguida con lo que me contaba.

Mi pequeña Leyre convive con la preocupación constante desde bien pequeña. Cuando la acuesto por la noche suele bajar varias veces la escalera, acomodarse en mi regazo y empezar a quejarse de algún dolor o molestia. Como ya la conozco, le pregunto qué le preocupa. Y entonces empieza a expresar cualquier preocupación que la mantiene angustiada. Algunas de las últimas han sido:

- «Esta mañana en clase me he equivocado en una resta y la Seño ha cogido mi libreta y se la ha enseñado a toda la clase para explicar en qué debían fijarse para no equivocarse como yo. ¡Y todos viendo mi resta que estaba mal!»

- «Me preocupa que los abuelitos se mueran».

- «Hoy en clase de patinaje las compañeras se han reído porque me he caído».

Yo la calmo, la tranquilizo, hablamos unos minutos del problema en cuestión y cuando se encuentra más tranquila la mando a la cama otra vez. Pero vuelve a bajar. Normalmente, baja tres o cuatro veces.

La verdad es que a veces me supone un esfuerzo sobrehumano atender sus necesidades afectivas y comunicativas cada vez que vuelve a bajar la escalera. Yo estoy agotada, mental y físicamente, es tarde y solo quiero vagabundear un rato por las redes sociales, ver tráiler de películas en Filmin, o leer un poco.

Pero ser especialmente sensible, si lo manejamos bien, es un don maravilloso.

Aunque he de decir que, respecto a la crianza, tener un niño hipersensible supone mucho más trabajo y carga mental.

Tu hijo necesita que seas comprensivo, que atiendas y acompañes sus emociones enseñándole la forma correcta de entenderlas y dirigirlas. No puedes cambiar al niño, solo aceptarlo tal cual es, respetando su forma de ser.

Atender sus necesidades emocionales de la manera correcta será determinante para su bienestar y desarrollo emocional.

«¿Qué herencia emocional quieres dejarles a tus hijos? Puedes hacerle regalos o dejarle heridas. Elige».

LA ALTA DEMANDA Y SU VÍNCULO CON LA ALTA SENSIBILIDAD

La sensibilidad del niño de alta demanda es tal, que puede llegar a hacerte pensar que, al mismo tiempo, se trata de un niño altamente sensible. Habrá casos en que coincida, habrá otras veces que las características de uno y otro se vayan separando con el tiempo, aunque su base tenga profundas coincidencias.

El término «alta sensibilidad» hace alusión a un rasgo de la personalidad identificado y acuñado por la psicóloga estadounidense Elaine Aron durante la década de los noventa. Se conoce técnicamente como rasgo de la sensibilidad de procesamiento sensorial (SPS), e implica una profunda sensibilidad sensorial y emocional.

El niño altamente sensible nace con una tendencia a ser más consciente de todo lo que le rodea. Dispone de una profunda capacidad de reflexión interior, piensa mucho antes de actuar o tomar decisiones, es empático, creativo, inteligente e intuitivo, además de atento y muy concienzudo en su proceder. Esto también tiene su parte negativa: percibir tantos estímulos con semejante lujo de detalle a veces puede ser agobiante, destapándose así su carácter sensible, quizá a veces tímido o retraído porque necesita evitar este tipo de situaciones intensas para no abrumarse, o culminando en una explosión a consecuencia de la sobre estimulación experimentada.

Ya hemos enumerado los rasgos principales de la alta demanda. Frente a ellos, un niño altamente sensible, se distingue claramente por lo que se llaman «los cuatro pilares de la alta sensibilidad»:

- Un procesamiento profundo de la información recibida y una reflexión intensa. El niño tiende a tener cierta tensión mental, pensar mucho las cosas antes de hacerlas y, frente al patrón de pensamiento de «pienso, actúo y, en función de los resultados, corrijo», lo que hace es pensar mucho y luego actuar.

- Gran empatía, una forma de vivir las emociones muy intensa y con desbordante facilidad para percibir las emociones en los demás. Cualquier estímulo del exterior es experimentado con suma intensidad, cualquier pequeño suceso puede ser un drama, una reacción de los demás le vuelve vulnerable, un mal gesto le duele profundamente… Además, el niño altamente sensible es muy reactivo: si llora, llora con vehemencia; si está alegre, está muy alegre y, si se enfada, puede generar una explosión desmedida.

- Desarrollo especial de los cinco sentidos, siendo capaz de percibir detalles sutiles. Una fineza sensorial que, a su vez, hace que sea un niño más fácilmente perturbable.

- Facilidad de sobre estimulación. Se reciben muchos datos de forma profunda y exhaustiva, algo abrumador y desbordante.

En definitiva, con la alta sensibilidad se presenta un perfil de niño muy emocional, sensible, empático, creativo y con una capacidad para procesar la información y decidir basada en el análisis. Seguro que, en ciertos aspectos, has visto todo esto reflejado en tu niño de alta demanda. En otros textos desarrollo con más profundidad este rasgo que, como digo, tiene sus propios matices y diferencias. Solo el tiempo te dirá si tu hijo presenta estas dos facetas en su personalidad. Por el momento, estas explicaciones te ayudarán a entenderle mejor (sea o no sea altamente sensible, lo que sí presenta indudablemente tu hijo alto-demandante es una gran sensibilidad a todo lo que le rodea) y a actuar en consecuencia, con una mayor comprensión, paciencia y empatía.

Además, por si te sirve para terminar de conectar con el rasgo de la elevada sensibilidad e identificarlo con el temperamento de tu hijo, te dejo aquí un test (extraído del libro *El don de la sensibilidad en la infancia* de la autora Elaine N. Aron. 1ª edición, marzo de 2017), que puede orientarte al respecto:

¿ES TU HIJO ALTAMENTE SENSIBLE?

Se sobresalta con facilidad	Verdadero	Falso
Se queja de la ropa (está áspera, pica, hay una etiqueta que le roza etc.)	Verdadero	Falso
No le agradan las sorpresas	Verdadero	Falso
Aprende mejor a través de los correctivos suaves que mediante un castigo fuerte	Verdadero	Falso
Parece que te lee la mente	Verdadero	Falso
Emplea palabras que no se corresponden a su edad	Verdadero	Falso
Tiene un gran sentido olfativo	Verdadero	Falso
Tiene un ingenioso sentido del humor	Verdadero	Falso
Parece muy intuitivo	Verdadero	Falso
Tras un día excitante, le cuesta dormir	Verdadero	Falso
No lleva bien los grandes cambios	Verdadero	Falso
Hace muchas preguntas. Le incomoda la ropa si está húmeda, con arena o manchada y quiere cambiarla rápidamente	Verdadero	Falso
Es perfeccionista	Verdadero	Falso
Se percata de la angustia de los demás	Verdadero	Falso
Prefiere el juego tranquilo	Verdadero	Falso
Hace preguntas de gran profundidad	Verdadero	Falso
Es sensible al dolor	Verdadero	Falso

No le gustan los lugares ruidosos	Verdadero	Falso
Se percata de las cosas más sutiles	Verdadero	Falso
Presta atención a la seguridad, no es temerario	Verdadero	Falso
Se desenvuelve mejor si no hay extraños presentes	Verdadero	Falso
Siente todo con gran intensidad	Verdadero	Falso

Si la respuesta ha sido «verdadero» en trece o más cuestiones, con gran probabilidad tu hijo sea altamente sensible. Ahora bien, como dijo la propia creadora del test, ningún interrogatorio de este tipo es lo suficientemente preciso como para determinar el trato que se debe dar a un hijo. Recuerda que estos cuestionarios no deben servirte para etiquetar al niño sino para conocerle mejor.

LA LABILIDAD EMOCIONAL

La labilidad emocional hace referencia a cierta inestabilidad emocional, a los cambios bruscos de un estado emocional a otro. Esto es muy común en los niños, pasan de la risa al llanto en cuestión de segundos y es algo completamente normal. Nuestros pequeños muchas veces se sienten desbordados por la intensidad de sus emociones y no saben muy bien cómo gestionarlas, pero ¿Hasta qué punto estos abruptos cambios son normales? ¿En qué señales debemos fijarnos para saber si son excesivos?

La labilidad es muy palpable en el niño de alta demanda, mientras el resto de niños solo sonríen, es probable que tu hijo reaccione ante la misma broma con un ataque de risa incontrolable, o bien le encontraremos llorando mientras juega por un pequeño percance, a simple vista, sin importancia.

Estar lábil no significa serlo, es decir, el niño se encuentra en un estado de descontrol que no forma parte de él y podemos notarlo fácilmente. Algunas de las características principales de los episodios de labilidad emocional se aprecian en:

- El comienzo. La expresión emocional suele comenzar de manera abrupta y aleatoria, como si de un ataque se tratase. Todo parece ir como la seda y de repente, por ejemplo, aparece una rabieta por algo que para nosotros es una tontería.

- La duración. Los incidentes duran unos segundos o unos pocos minutos, en cuanto nos acercamos, el niño se calma.

- La frecuencia. Estos sucesos pueden llegar a repetirse muchas veces al día.

Factores de desarrollo normativo, la baja tolerancia a la frustración o determinados momentos de crisis (por ejemplo, el divorcio de los padres), pueden desencadenar la labilidad emocional del niño. Todas las personas sentimos cierta volubilidad anímica en nuestro día a día, es normal. Sin embargo, cuando los cambios son muy bruscos o intensos, debemos averiguar qué puede estar causando esa desregulación emocional para tratar de ponerle solución y atender de forma correcta las necesidades del niño.

Lucas, padre de Sebastián:

Con mi hijo no existen los términos medios. No hay gris, solo blanco o negro. No es la mitad, es todo o nada. Nunca sabes bien qué esperar porque cada día es una cosa, y cada día reacciona de una manera. Puede saltar de la mayor de las alegrías y exaltaciones a la crisis más desgarradora y traumática. De un plumazo, en un segundo, sin que pase nada, sin más. Y es que todo lo vive y experimenta con una intensidad tal que incluso a mí me sorprende. La tristeza es muy profunda y muy real, pero las alegrías son también desmedidas y eso contagia felicidad. Algunos dicen que es muy dramático, que es un exagerado o que está hecho todo un actor, pero nada que ver. Él es así, vive y siente el mundo así de fuerte. Se entrega tanto en todo que por eso salta fácilmente de un estado de ánimo a otro. Cuando aprendes como padre a entender esto, preverlo y mostrar la empatía, paciencia y apoyo que necesita en cada momento, todo es más llevadero. Pero sí, aunque con mucho amor, a veces simplemente sentimos que es una bomba de relojería.

Tal vez sonrías al leer esto porque también te ha pasado o has pensado lo mismo. Quizá ser padre de un niño de alta demanda pueda resumirse de esa forma: «bomba de relojería». En ocasiones el estallido es dramático, pero, en compensación, otras muchas veces la explosión será de sonrisas, amor, alegría, cariño y diversión. No hay que centrarse solo en lo negativo. Sí, tu hijo vivirá las emociones de forma intensa, las llevará al extremo y habrá saltos de un ánimo a otro que pueden ser terroríficos. Sin embargo, cuando siente dicha y felicidad, también es desbordante y, por suerte, tiene el poder de contagiarse. ¿Acaso esto no merece ser celebrado? Sentir, es el don más maravilloso que tenemos.

Sandra, mamá de Carlota:
Mi hija es como una actriz de comedia romántica. Te lo juro, es muy melodramática. Pero sé que no está exagerando: simplemente siente las cosas con esa intensidad. Me preocupa que si no aprende a gestionar las emociones de otro modo, lo va a pasar muy mal.

¿CÓMO GESTIONAR LA HIPERSENSIBILIDAD?

La hipersensibilidad del niño de alta demanda no es una patología ni nada negativo. Sin embargo, es recomendable acompañar al niño de la manera adecuada para conseguir que esa intensidad emocional sume en positivo en su desarrollo.

Una de las vertientes negativas de esta sensibilidad especial, puede ser la baja tolerancia a la frustración que, por otra parte se trata de una conducta aprendida.

Una persona con baja tolerancia a la frustración, al tener una sensibilidad excesiva hacia todo lo desagradable, no tolera contratiempos, molestias o demoras en la satisfacción de sus deseos.

Si has observado que tu hijo de alta demanda reacciona de forma brusca e incontrolable ante la frustración, existen unas medidas que puedes adoptar para ir educando su manejo de las emociones:

- Es recomendable no prestar demasiada atención a su reacción descontrolada, evitando reforzar las conductas de victimización, llamadas de atención, etc.

- Lo apropiado es permitirle experimentar las emociones negativas que le surgen en determinadas situaciones para darle la oportunidad de gestionarlas por sí mismo, evitando la racionalización de la situación en ese mismo momento (no entrar a sermonear o dar explicaciones, por ejemplo, en mitad de una rabieta).

- Acompañarle y consolarle. Ante una rabieta, un enfado, lloros o berrinches causados por la frustración, debemos consolarle, pero no inmediatamente. Empatizaremos con él, haciéndole saber que es normal sentir esa emoción y le ayudaremos a calmarse. Cuando ya esté calmado, o incluso más tarde, le ofreceremos alternativas o posibles soluciones a su «problema».

- Aunque el instinto materno de protección sea muy fuerte, la sobreprotección excesiva no es aconsejable, puesto que la única manera de aumentar su tolerancia es justamente viviendo dicha frustración y poniendo en práctica sus estrategias de autocontrol emocional. Si no le damos la posibilidad de vivir estas experiencias, siempre tendrá un umbral de frustración muy bajo.

LA ANSIEDAD POR SEPARACIÓN

Una de las situaciones que tal vez estés viviendo con tu hijo, muy relacionada con su sensibilidad, es la Ansiedad por separación.

Puede que esto te suene:

Beatriz tiene un niño de dos años llamado Miguel. La tengo sentada frente a mí llorando, con una mezcla de sentimientos que reconozco perfectamente: está cansada, está agobiada y también está enfadada. Me comenta que ella se ha ocupado principalmente del cuidado de Miguel desde que nació. Su marido trabaja todo el día fuera de casa, y su familia vive a más de una hora en coche, por lo que se ven una vez a la semana, como mucho. El niño está muy apegado a ella y no se separa con facilidad. No lo ha escolarizado aún.

Me cuenta que cuando visitan a la familia, Miguel no se va fácilmente con los abuelos o tíos. Necesita su tiempo. Pero a menudo no se lo dan. Esperan que el pequeño salga corriendo a sus brazos en cuanto los ve. Como esto no sucede, los abuelos y tíos empiezan a criticar a Beatriz: «eso es porque lo tienes demasiado mimado», «deberías llevarle a la guardería para que socialice», «eso no es normal ya con dos años, sabe que somos su familia».

Beatriz se siente angustiada con estas críticas, y según como de «fuerte» le coja el día, hace una cosa u otra: forzar al niño a que vaya con los familiares o bien defenderlo y decirles que le dejen en paz, que necesita su tiempo (con el consiguiente enfado de los demás).

A Miguel no le pasa nada raro. Ni Beatriz está haciendo nada mal. Simplemente es un niño más sensible, que necesita tiempo para sentirse cómodo y seguro con otros personas. Cuando va de visita a casa de los abuelos llega cansado del viaje en coche, medio adormilado la mayoría de veces. Al entrar a casa de sus abuelos, hay gente que se acerca a él hablando sin parar, con tono de voz fuerte, alegres. Él tiene vergüenza, y se esconde tras su madre. Se debate entre las ganas de ir a abrazar a sus abuelos, y la vergüenza y el susto que siente. Entonces empieza a notar otros tonos de voz, otras caras: de desaprobación, de crítica. Y siente como su madre se va tensando, como, sin darse cuenta, le pone la mano en la cabecita para protegerle, para decirle: «todo está bien, no estás haciendo nada mal».

La ansiedad por separación es un sentimiento normal en los niños. Depende mucho de su carácter y del ambiente en que se crían, de las posibilidades de socialización que se les brinde y de experiencias aversivas que puedan consolidar este miedo.

Lo recomendable es ser paciente con el niño y darle su tiempo sin presiones ni reproches. De nada sirve obligarle.

Por otro lado, y para ir favoreciendo su socialización, facilitaremos el contacto frecuente con otros adultos de referencia, para crear así una red de apoyo social más extensa en el niño. Pero esto llevará tiempo y se llevará a cabo de manera natural. Poco a poco, cuando coja confianza, dejaremos al niño por periodos de tiempo pequeños con otras personas. Conforme vaya superando este miedo, de manera progresiva y natural, iremos aumentando estos momentos.

LA SOBREPROTECCIÓN.
APRENDER DEL FRACASO

Aunque ya lo he mencionado, quiero hacer especial hincapié en este punto. Tu hijo es más demandante que los demás, tiene mayor sensibilidad y mayores necesidades emocionales, sin embargo, esto no implica que debamos ser «mamá leona» las veinticuatro horas del día ante todas las situaciones que se le presenten. Tu hijo es sensible, sí, pero la sobreprotección no le ayudará a largo plazo. Enseñar a tu hijo a manejar la frustración, a despreocuparse y relativizar los problemas y aprender de los fracasos, le convertirá en un adulto estable emocionalmente y fuerte.

> «El fracaso es, en ocasiones, más
> fructífero que el éxito».
> HENRY FORD

Es obvio que a nadie nos gusta perder ni sufrir, pero también es evidente que, en la vida, atravesaremos momentos de dolor o decepción, nadie está exento de ello. Enseñar a nuestro hijo a manejar esta realidad es una de las ayudas más importantes que podemos prestarle, aunque ahora, a su corta edad, nos duela verle estresado o a disgusto.

Tu hijo no necesita que ante cada problema salgas corriendo a solucionárselo o acudas a calmarle y protegerle antes de que se produzca el acontecimiento que le molesta. El niño no debe aprender a esquivar las cosas desagradables de la vida, sino a afrontarlas, a racionalizarlas, reflexionar y buscar alternativas. Es importante poner el énfasis no sólo en los resultados que obtiene un niño cuando hace algo, sino también en su esfuerzo, su trabajo o dedicación. Intentarlo merece la pena y, cuando el fracaso llegue, le haréis frente juntos. Invita al niño a pensar sobre qué podría haber hecho de otra manera para no obtener ese resultado. Dale ideas sobre en qué ha fallado, y pensad juntos sobre maneras de mejorarlo.

Para tu hijo resulta muy ilustrativo que seas cercano, te abras y le cuentes tus experiencias, pues aprenden mucho a través de nosotros, los padres somos un modelo para ellos. Reconocer nuestros errores o debilidades les ayudará a interiorizar esquemas mentales flexibles en los que equivocarse, no lograr los resultados esperados o fracasar sea algo normal, nada traumático o indeseable. La idea es transmitirles el mensaje de que, aunque nos equivoquemos, siempre podemos aprender y hacerlo mejor.

El día que tu hijo deba afrontar la decepción o el fracaso, al igual que te pasaría a ti, aparecerá la frustración, es humano y completamente normal, al igual que la ira o la tristeza que la acompañan. En esos momentos, es muy importante validar esas emociones, mostrándote empático y comprensivo. No hay que quitarle importancia al asunto, para tu hijo SÍ es muy importante, aunque a ti te parezca una tontería. Apoyo y comprensión es todo lo que hace falta.

Aprender a fracasar, a cometer errores y salir airoso de problemas o retos es una habilidad imprescindible para la vida. Enseñar a tu hijo a convertir los retos en oportunidades, aumentará su resiliencia y le hará más fuerte y menos temeroso, convirtiéndole en alguien capaz de enfrentar las vicisitudes de la vida con ilusión y entereza.

En conclusión, de este capítulo hemos aprendido que el niño de alta demanda es emocional, muy sensible, se híper estimula con facilidad y es muy temeroso de la separación de la madre (o de con quien tenga el vínculo de apego más firme). No hay secretos mágicos para afrontar el día a día con un niño que presenta tamaña intensidad, cada uno es un mundo e irás encontrando tus propias fórmulas efectivas. Sin embargo, conociendo el carácter de tu hijo, siempre puedes ir adelantándote a los acontecimientos críticos y preparando el terreno de la mejor manera posible para él:

- Si sabemos que puede saturarse con facilidad, llegado el momento lo mejor será apartarle del espacio que le genera la híper estimulación, buscar un lugar más tranquilo donde pueda sentarse solo con mamá o papá a tomar un tentempié o leer y sosegar la mente.

- Parques de bolas, cumpleaños, centros comerciales...son lugares que, el 100% de las veces, pueden desembocar en rabieta o sobre estimulación. Hay que prever dónde está el límite del niño para retirarle de ese entorno unos minutos antes de que se produzca la crisis o, al menos, ir haciendo pausas que le tranquilicen y le sirvan para no entrar en bucle. Recuerda siempre tener sus necesidades de hambre y sed cubiertas, aunque él esté distraído y no lo pida, puede llegar el momento que se note hambriento y provoquemos otra conducta negativa.

- El juego no estructurado, las actividades al aire libre en el campo, la naturaleza, la playa, suelen ser los mejores aliados contra el exceso de estimulación.

- Su alta demanda hace que su apego a ti y su dependencia sean muy fuertes. La paciencia y la comprensión son siempre el camino a tomar. Tu hijo no llorará cuando te marches eternamente: se irá de fiesta con sus amigos cuando tenga dieciocho años y te aseguro que podrá separarse de ti con facilidad. Son etapas que debemos tratar con amor y respeto, validando sus emociones y su sensibilidad, teniendo tacto con ellas y avanzando de a poco respetando sus ritmos. Enséñale con paciencia y por periodos cortos que puede estar perfectamente atendido unos minutos por los abuelos u otros cuidadores, que siempre regresas. Tal vez necesite más tiempo que otros niños, pero la rutina, la calma y el amor incondicional le irán transmitiendo la confianza y tranquilidad que tanto necesita.

- Puedes empezar poco a poco, por unos minutos, mientras aun te tiene a la vista. Progresivamente puedes salir de su campo visual por unos minutos, pero que siga escuchando tu voz. Así, progresivamente, sin dejarle llorar, sin causarle miedo y sin forzarle. Pero no olvides que cada niño necesita un tiempo, y el tuyo necesitará más para poder separarse de ti sin sufrir. Y no pasa nada.

- Cuando se pueda, habla con él. El niño de alta demanda es ansioso e impaciente, muy temperamental a veces. La comunicación y sinceridad es importante, le aportará seguridad, la confianza de que lo que mamá le dice se cumple. «Ahora no podemos ir al parque porque mamá tiene que terminar unas cosas en casa, pero en media hora, cuando meriendes, podremos ir». Necesita libertad para ser él mismo, empatía y comprensión a su personalidad inquieta y demandante, pero también disciplina, aplicada siempre desde un punto de vista conciliador y positivo. Los gritos, amenazas y castigos, no suelen ser efectivos, además de ser muy dañinos.

- No critiques o juzgues su sensibilidad, no la menosprecies porque creas que no tiene lógica. Sus sentimientos y la intensidad de los mismos son reales. Negarlos solo genera complejos e inseguridad. Reforzarlos le pondrá en contacto consigo mismo, le aportará seguridad y capacidad de reflexión. Tu hijo no necesita ser como otros, solo necesita herramientas saludables para saber gestionar su forma de entender y vivir el mundo.

«El amor no cambia el mundo,
lo convierte en lo que es».

CAPÍTULO 5

SUEÑO Y ALIMENTACIÓN

EL SUEÑO EN EL NIÑO DE ALTA DEMANDA

Antes que nada, respira: ya has llegado a la parte que tanto te preocupa. Si tu hijo es de Alta Demanda, sabrás por qué te lo digo. Noches enteras sin dormir, la impotencia de no lograr entender por qué el pequeño no duerme más de veinte minutos seguidos, la frustración de levantarse hasta quince veces cada noche o la desesperación de ni siquiera poder tomar con calma el día porque, cuando sale el sol, el niño recarga las pilas y está como una moto.

Tampoco le gustan demasiado las siestas. El agotamiento te puede, pero lo que más daño te hace como padre o madre es no saber cómo actuar, sentirte culpable o pensar que no eres capaz de enseñar hábitos de sueño saludables a tu hijo.

No es tu culpa, nadie tiene un manual para dominar los hábitos de sueño de los niños, y menos aún si hablamos de Alta Demanda.

El primer mensaje que quiero transmitirse antes de ahondar en este tema y buscar trucos que alivien la carga, es que recopiles toda la paciencia de la que puedas hacer acopio. La necesitarás. La situación mejorará, pero el camino es largo. Enhorabuena, tienes un hijo maravilloso de Alta Demanda, aunque también tiene sus pequeños inconvenientes. Tardará más en disfrutar de un sueño autónomo y entra dentro de lo normal debido a su personalidad y temperamento. Ser flexible y adaptarse a esta realidad es primordial.

¿Por qué mi hijo duerme tan mal?

Ya conocemos las características del niño de Alta Demanda. En sintonía con ellas, el sueño viene condicionado por diversos factores:

- El mundo es demasiado interesante como para perder el tiempo durmiendo. El niño de Alta Demanda no quiere perder detalle de lo que le rodea ¡Vivir es apasionante! ¿Quién quiere dormir cuando hay tantas cosas que hacer y tanta energía que quemar?

- La compañía de su madre o padre es fundamental y vital para conciliar el sueño. Necesita sentir el calor y la cercanía del adulto.

- Estar solo en la cuna o en la cama es el peor castigo que se le pudiera dar. Necesita el contacto físico tanto como el comer o el respirar. Ya hemos dicho que no sabe calmarse solo, relajarse para dormir es una habilidad que tampoco tiene dominada y para la que necesita nuestra guía.

- Nunca hay sueño. Necesita estar activo todo el día, nunca llega el momento de dormir. Sus días podrían durar 50 horas. Tal vez su cuerpo lance señales de cansancio: bostezo, se rasca la oreja, los ojos...pero su mente sigue a mil por hora. Simplemente no puede ni sabe parar.

- Da igual lo poco que duerma, se levanta con la batería cargada a tope. A ti solo te ha dado tiempo a ir a la cocina, beber un vaso de agua y sentarte diez minutos en el sofá cuando él ya se ha despertado fresco como una lechuga. ¿Cómo es posible?

- Haciendo una analogía con los coches, no podemos pasar de 100 a 1 en un segundo, pero dependiendo del coche que nos compremos nos puede costar muy poco coger velocidad. Al niño de alta demanda le pasa igual, pasar de 0 a 100 le cuesta muy poco, pero para bajar la marcha necesita ir descendiendo despacio y pasar por diferentes velocidades.

Paciente en consulta:

—Úrsula ¿No me puedes dar algo para dormir?

—¿Al niño? —le pregunté asustada.

—¡No, al niño no! Si él parece que no necesita dormir... Es para mí. Que llevo 11 meses sin dormir más de media hora seguida.

Seguro que te suena. Porque a mí me sonó. La enorme falta de sueño que viví durante los primeros años de vida de mis hijos afectó significativamente a muchas áreas de mi vida, pero, sobre todo, al estado de ánimo. Al igual que mi paciente, los meses se van acumulando y llega un momento en que no puedes más..

¿Cuáles son las fases de sueño habituales en el bebé?

Las fases del sueño van madurando con la edad, durante los primeros años de vida se dan los mayores cambios.

- **El bebé recién nacido:** El sueño de los bebés sólo tiene 2 fases: REM y sueño profundo, y carece de cualquier tipo de ritmo circadiano. De esta forma, nuestros bebés tienen pequeñas siestas y se despiertan más frecuentemente para poder alimentarse cuando lo necesiten, pero no suelen presentar muchas dificultades para volverse a dormir.

- **De los 3 a los 8 meses:** Se empiezan a organizar las fases del sueño en función de los paseos, los baños y la comida. Durante esta etapa el bebé deja de entrar directamente en sueño REM (fase de la que es muy difícil despertar), y aparece el conocido fenómeno de la «cuna de pinchos» o la típica frase de «es dejarlo en la cuna y que se ponga a llorar», y es que ahora cualquier ligero ruido o movimiento le despertará, pero forma parte de su desarrollo normal del sueño.

- **De los 8 a los 24 meses:** durante esta etapa, los bebés irán adquiriendo todas sus fases del sueño. Seguirá habiendo despertares nocturnos, pero cada vez serán menos frecuentes. Además, en este periodo es común que aparezca el sentimiento de extrañeza y con él las demandas de nuestra presencia para dormir.

- **De los 2 a los 5 años:** En este periodo el sueño de los niños experimenta una mejoría considerable. Alrededor de los 3 o 4 años desaparecerán las siestas diurnas y a partir de los 5 el niño ya casi no se despertará por las noches, aunque esto depende mucho de cada caso en concreto.

Como digo, esto es la generalidad. Seguramente en tu caso, mamá o papá de niño de alta demanda, te esté entrando la risa nerviosa al leerlo.

Lo más probable es que tu hijo no adquiera unos hábitos autónomos y estables hasta casi los seis años de edad. No te tires de los pelos aún, créeme, he estado ahí y adaptarse de forma saludable a este ritmo es posible. La mentalidad, la calma, la flexibilidad y la previsión son muy importantes para hacer frente al sueño del niño de alta demanda.

TABLA DE SUEÑO INFANTIL

EDAD	HORAS TOTALES	HORAS DE NOCHE	N° DE SIESTAS
0-2 meses	16-20 horas	6-8	4-8
3-6 meses	14-16 horas	8-10	3-2
6-12 meses	13-15 horas	12	2-1
12-18 meses	13 horas	11,5	2-1
15-24 meses	13 horas	11	2-1
2-3 años	10-12 horas	10-11	1-0
3-5 años	10-12 horas	10-12	0

Hay niños que son más dormilones que otros, pero esta tabla te sirve de guía y facilitará comprender los ritmos recomendados. A los adultos nos pasa lo mismo. Algunos están tan frescos con 6 horas de sueño, otros necesitan 8 y una siesta después de comer. Cada persona es un mundo, cada niño, también.

¿Cómo mejoro el sueño de mi hijo?

> «Tenemos que ser positivos, porque no parece muy útil ser otra cosa».
> WINSTON CHURCHILL

Y empiezo con esta frase de Churchill porque tienes una tarea por delante agotadora en la que es posible que, a menudo, el negativismo te abrume. Lograr que tu niño de Alta Demanda adquiera una correcta rutina de sueño va a requerir tiempo y mucho cansancio por tu parte. Pero tenemos que ser optimistas, porque al final se consigue.

Vamos a ver por separado algunas pautas concretas para cada una de las fases que se viven con el niño de alta demanda. Tal vez así sea más visual y fácil de ubicar (cualquier ayuda es poca en esta primera época de insomnio).

a) Pautas para ir a dormir:

Nosotros, que ya somos mayores, sabemos que cuando se pone el sol (por lo general), es hora de bajar el ritmo, estar en casa, cenar, relajarse y meterse en la cama. Pero un bebé o niño pequeño su ritmo circadiano es inmaduro y está desorganizado. Podemos ayudar con una adecuada higiene de sueño a que se vaya instaurando poco a poco. Esto no sucederá rápidamente, alcanzar un sueño maduro e independiente puede llevar años.

- Antes que nada, el bebé y el niño de alta demanda se contagian rápidamente de las emociones. Si estás nerviosa, tienes prisa porque se duerma o estás preocupada porque sabes que empieza la fiesta toledana de todas las noches, el pequeño lo notará y no ayudará a conciliar el sueño. Muéstrate tranquila, relajada, confiada y sosegada, las emociones que queremos trasmitirle. Si tienes tareas que organizar para la mañana siguiente, intenta dejarlas hechas antes. Puede que el tiempo de conciliación del sueño se alargue, si tienes la cabeza estresada con otros asuntos será peor para el niño y para ti.

Aroa, mamá de un bebé de alta demanda:
Desarrollé pánico, auténtico pavor a la llegada de la hora de dormir. Sabía que me esperaba una noche de llantos en la que me despertaría otra vez unas quince veces, en la que estaría muerta de sueño, sin fuerzas y sin ser capaz de pensar. Otra vez durmiendo apenas tres horas en toda la noche. Otra vez. Y por eso cuando acababa el día estaba triste, histérica y descorazonada. Y creo que todo este nerviosismo no me ayudó en nada. Fue mucho peor, los dos, tanto el bebé como yo estábamos fuera de sí. Un día me vino la inspiración y la fuerza, no sé ni porqué, simplemente me dije a mí misma: «basta». Sabía que no lo estaba enfocando bien. Cambié el chip. La realidad no cambió tanto, pero mi mentalidad sí, y esto fue lo que propició la mejoría con el tiempo.

- Lo que mejor le funciona al bebé de alta demanda (y a la mamá), es el colecho. Suele ser más práctico y cómodo. Pon la cunita junto a tu lado de la cama o directamente, dormid juntos. Sintiéndote cerca, o dándole el pecho, cogerá el sueño mucho mejor. El descanso del bebé será más profundo, experimentará menos ansiedad, se sentirá más arropado y seguro.

- Rutinas. Al principio te desesperarás viendo que no dan resultado. Para el niño de alta demanda las rutinas son esenciales, pero costará mucho que se afiancen. Mantente constante y funcionarán. La misma hora para cenar, la misma rutina post cena, todo a oscuras, la música relajante, el mismo entorno... Todas las noches igual.

  Esto no quiere decir que seamos rígidos e inflexibles, siempre habrá excepciones y momentos a los que tengamos que adaptarnos dejando por ese día de lado la rutina. Pero por lo general, ayudará ir mandando al inmaduro cerebro de nuestro bebé esas «señales» de que va siendo hora de irse a dormir.

  Un ejemplo de rutina estable, dentro de lo que se pueda, sería, por ejemplo: el baño siempre a las 19:30. Sobre las 20:00, la cena, preferiblemente en el mismo sitio, sin grandes distracciones. Después, un rato familiar, luces tenues y pocos sobresaltos, juegos tranquilos o ejercicios de relajación. A las 20:30, el cuento. Bajaréis las persianas, encenderéis la luz de la noche, le daréis su chupete, su dudu, pondréis de fondo la música suave y el bebé sabrá que, como cada día, toca dormir (otra cosa es que él quiera).

- A partir de las seis o siete de la tarde debes ir reduciendo la intensidad de las actividades, bajando poco a poco el ritmo para que el cambio no sea brusco. Evita las pantallas antes de dormir y apuesta por actividades relajadas y momentos familiares donde satisfacer su alta demanda de cariño y afecto.

- La habitación del niño debe ser un «santuario» que propicie la relajación y que no confunda con lugar de juego. Un ambiente tranquilo y despejado que pueda asociar únicamente al acto de dormir. Un peluche, un dudu, una prenda de ropa de mamá… un objeto suave que le transmita paz y tenga siempre que sea hora de irse a dormir. A algunos pequeños les relaja la aromaterapia (un humidificador con gotas de lavanda, mandarina y manzanilla romana, por ejemplo). Una luz tenue y cálida, una melodía lejana, muy bajita y relajante, quizá el sonido del bosque o del mar, una música clásica muy pausada. Quizá todo a la vez. O quizá el ruido blanco funcione: lavadora, aspirador, secador…en internet encontrarás audios de horas y horas. O tal vez tu bebé prefiera el silencio. Es cuestión de ir probando.

- Puedes probar a cubrir la cuna o el cochecito con una sábana ligera que genere un espacio cubierto y confortable. Una especie de cueva o refugio donde el niño pueda sentirse seguro y cobijado. Puede ser una gran idea, sobre todo, cuando estemos fuera de casa.

- No es bueno esperar a que parezca extremadamente cansado. El niño de alta demanda no sabe parar, le cuesta mostrar signos de agotamiento hasta que ya es demasiado tarde. Cuando ya entra en bucle, dormirle cuesta mucho más. El niño tiene una hora rutinaria y establecida para ir a dormir y debes respetarla en la medida de lo posible, aunque parezca que el nene está feliz saltando y corriendo por el jardín. Hay que ir frenando su ritmo con tiempo de sobra pues, una vez aparece la hiper estimulación, la mala noche está asegurada. Es un falso mito pensar que suprimir la siesta hará que llegue más cansado a la noche y duerma mejor. Por el contrario, estará sobre estimulado y «pasado de rosca», por eso se encontrará más nervioso, alterado y le costará conciliar el sueño.

- Algunos niños odiarán la cuna, solo dormirán en brazos o en el carrito. Durante un tiempo puede valer, es cuestión de supervivencia, pero si deseas enseñarle a dormir en la cunita, llevará tiempo. No va a ser nada fácil, pero tendrás que empezar a adormecerle como al bebé le gusta (al bracito, meciéndole, dándole el pecho...) y, cuando esté a punto de dormirse, dejarle a la cuna. Al principio se despertará y habrá que volver al punto de partida. Pero poco irá siendo de capaz de no necesitar tantos apoyos para dormir.

b) Los despertares nocturnos:

- Como ya he dicho, el colecho es el mejor amigo del niño de alta demanda, le ayuda a conciliar un sueño más largo. Si no lo has probado y estás teniendo muchos problemas para descansar, quizá deberías hacerlo. Los despertares del bebé son más cortos y se concilia mejor el sueño. Se refuerza el vínculo afectivo entre los padres y el recién nacido y, además, la madre descansa mejor y durante más tiempo. El colecho no dura eternamente, no es perjudicial. El niño se adaptará al cambio a la cuna cuando llegue el momento y esté preparado.

- La lactancia a demanda es otro de los favoritos del bebé. Parece mentira, pero en ocasiones, lo que mejor le funciona o satisface al pequeño de alta demanda suele ser también lo que más cómodo termina siendo para el padre o madre. Simplemente nos cuesta aceptarlo en un principio porque, socialmente, se ha estipulado que el bebé debe aprender a ser «independiente» y hacer cosas solito que no encajan dentro de lo razonable. Pero es que el niño de alta demanda necesita tu contacto de forma continua. Tu cercanía, amor y seguridad le reportan bienestar. Donde mejor está es enganchadito a la teta, donde parece dormirse al momento y resistir largo rato. Puede ser una combinación exitosa con el colecho (aunque cada uno encuentra sus trucos). Si tu bebé se duerme mejor, con un sueño de más calidad y sin tanto drama cerca del pecho de mamá ¿Por qué espaciar las tomas de forma matemática y cuadriculada cada tres horas? Aunque a priori pueda parecer contradictorio, ofrécele el pecho cuando lo reclame y, tal vez, los dos ganéis en descanso y tranquilidad.

Con respecto a la lactancia, si empiezas a tener problemas, también te puede ser de utilidad acudir a grupos de lactancia materna y de apoyo. El bebé de alta demanda puede ser muy exigente y exquisito, tal vez algunas técnicas, posturas o hábitos no le gusten y, sin embargo, otras en concreto le dejen la mar de calmado. Hay todo un mundo sobre la lactancia y miles de experiencias que sirven de referencia. Puede que descubras un truco que ni siquiera te habías imaginado.

- Si hay demasiados despertarse nocturnos, hacer un cuadro o diario durante unos días puede ayudarte a encontrar un patrón. Registra las horas, quién acude a calmarle, cómo se calma, cómo se duerme y cuánto dura dormido. Será de utilidad para ti, quizá te des cuenta de que el niño tiene alguna molestia desconocida, que sus despertarse coinciden con un ruido de la calle (el camión de la basura), o que tiene terrores nocturnos. También será de utilidad para el pediatra o especialista cuando lleguen las revisiones o quieres hacer consultas.

- Ser constantes es vital. Si hemos decidido que va a dormir en la cuna o su camita (aunque previamente haya que acostarse con él o mecerle), le llevaremos siempre al mismo sitio cuando se despierte. No sería adecuado dejarlo dormir en nuestra cama, o quedarse dormidos con él en brazos en el sofá. Hasta que el hábito de sueño no esté afianzado mantente firme en esa idea, aunque sea agotador y tengas que levantarte mil veces. De lo contrario, se confundirá y no entenderá el mensaje que le estamos mandando: que la cuna es el lugar donde él debe dormir. Si se despierta y te reclama, le atiendes, pero siempre vuelves a acostarle en su cama. Debes estar disponible para él, pero también puedes, con paciencia, ir marcando unos hábitos y pautas para que se familiarice con su cuna y el acto de dormir solo, aunque sea a ratos. Además, puedes ir reeducando su sueño esperando un poco antes de acudir a su llamada. Dando un tiempo prudencial para que dé un par de vueltas en su cuna o cama dando así opción a que se vuelva a dormir solito. Si después de un tiempo prudencial no se ha vuelto a dormir y sigue llamándote, acude a consolarle. La idea es que poco a poco vea que el entorno nocturno de su habitación y su cuna no son peligrosos, que papá y mamá están ahí para calmarle cuando lo necesite y que puede descansar tranquilo.

- Vigila las rutinas previas al sueño. Si el día ha sido muy intenso tal vez durante la noche arrastre parte de esa saturación. Es importante ir conociendo con el tiempo dónde está el límite de tu hijo. Lo que a ti puede parecerte normal o tolerable, a él le puede llevar a un estado de exaltación más alto. Al mismo tiempo, si el día ha sido demasiado calmado, tu bebé o hijo de alta demanda tendrá demasiada energía acumulada por la falta de estímulos. Revisa estas costumbres y analiza los ritmos de tu hijo para ver si puedes crear un ciclo que se adapte mejor a él.

Yo no sabía lo que era el insomnio hasta que fui madre. Desarrollé un nivel de alerta tan alto que el pestañeo de una mosca me despertaba. Sé que eso es normal, el sueño de la madre se vuelve muy ligero para despertar a la mínima llamada del bebé. Eso garantizará su supervivencia.

Pero saber eso no me hacía sentir mejor. Estaba agotada. Me despertaba al mínimo ruidito del bebé. Y luego no me podía volver a dormir. Oía mucho eso de "hay que aprovechar mientras el bebé duerme y dar una cabezada". Pero: ¿Qué queréis que os diga? Nunca fui capaz de hacerlo. Cuanto más me empeñaba en dormir al mismo tiempo que el bebé, más nerviosa me ponía y menos dormía.

Y encima me sentía falta ¡Ni siquiera era capaz de aprovechar sus micro siestas para dormir!

Así que acumulé sueño hasta niveles insospechados. Y llegó a afectarme tan significativamente que tuve que asumir que no sobreviviría si no empezaba a delegar y a cambiar algunas cosas.

Mi marido y yo empezamos a turnarnos y dormir cada noche uno con el bebé, mientras el otro descansaba. Empecé a dejarlos a dormir alguna noche en casa de mi madre. Y fui aceptando que ellos no tenían que aprender a dormir del tirón, sino que era yo quien debía aprender a sobrevivir durante esta etapa.

c) Las siestas diurnas:

- El bebé de alta demanda (incluso los niños más mayores de hasta 5 años), tienen una calidad de sueño tan pobre durante la noche que la siesta diurna se convierte en esencial. Cuando algunos apenas empiezan la mañana tu hijo ya necesita descansar porque lleva mucho a la espalda. Esta siesta funciona muy bien y debemos respetarla. Algunos te dirán que según qué edades lo normal es que prescindan ya de la siesta mañanera y duerman un ratito después de comer nada más. Mi consejo es que hagas lo que el niño pide. Si tiene sueño por la mañana, respétalo (seguramente, además, lo agradecerás).

- Concédele unos minutos de relajación para que entre en bajada de energía. Oscurece el salón, jugar un rato tranquilos, dale el bibe, mécele o cántale, prepara el terreno para que irse a dormir sea el siguiente paso natural.

- Para esta siesta la rutina tiene que ser la misma. El espacio y el momento de dormir debe funcionar siempre igual. Habitación en penumbra, pero no en oscuridad total (para que vaya diferenciando las siestas diurnas del sueño nocturno), música relajante (si es que al niño le calma), y controlar el tiempo (las siestas no deben ser demasiado largas ni demasiado tarde para no interferir en el sueño nocturno).

d) Del colecho a la cama/cuna:

- Este momento suele o puede coincidir con la finalización de la lactancia. Lo ideal es no hacerlo de manera brusca, pues obviamente estos cambios son importantes y el pequeño tendrá que asimilarlo. Primero acostúmbrale a dormir en su cuna, pero en tu habitación, y después la pasarás a su cuarto.

- Crea el entorno adecuado para su habitación, que no sea muy dispar u opuesto al que tenía compartiendo cama con papá y mamá.

- Si se dormía solito, puedes probar a acompañarle, acariciarle o cantarle mientras se duerme para que no sienta miedo; o que se duerma primero en su cama colecho y después le pasas a su cuarto (siempre acudiendo a su reclamo cuando se despierte desconcertado. Tener la confianza de que acudirás, es lo que hará desaparecer en el niño el miedo y le permitirá descansar sin sentirse abandonado).

- Si se dormía en brazos, empieza desde ahí y, antes de que se quede dormido le pasas a su cama, le sigues acariciando y susurrando, para que sienta tu cercanía.

- No retrocedas. El objetivo es hacer la transición. Esta se hará con amor y paciencia, pero si dar pasos atrás. Las primeras veces siempre son difíciles (para el niño y para los padres), pero mantén la vista en la meta y no volváis al colecho o a dormirle en vuestra cama, eso solo generará confusión y no asentará los nuevos hábitos.

- Si el niño es más mayor y está habituado a dormir en brazos y parece que la cuna le resulta muy incómoda porque el peque se mueve mucho, puedes probar a pasar a una cama baja, donde poder tumbarte con él e ir enseñándole poco a poco a dormirse solo. Os tumbaréis juntos en la cama, leeréis cuentos, os abrazaréis y esperarás a que se duerma. Cuando esta fase esté controlada, te irás de la cama antes de que coja el sueño, dándole un beso y deseándole buenas noches cuando esté adormilado. Al principio te quedarás sentada cerca de la cama, puedes darle la manita o acariciarle el pelo. Cuando esta fase esté afianzada, puedes dejar la puerta entreabierta e ir entrando y saliendo hasta que se duerma, con calma. Así hasta que, sutil y suavemente, sepa que la rutina es ir directo a su cama, leer cuento, tumbarse y dormirse solo.

- No grites, no regañes, no juzgues. El niño está acostumbrado a tu cercanía y confort, se trata de un paso de gigante para él, el miedo es real y abrumador, sé comprensivo.

- Poco a poco irá evolucionando y ya no será necesario permanecer con él, acunarle o dormirle en brazos, bastará con mantener la rutina previa al sueño, acompañarlo, leer el cuento y darle el beso de buenas noches.

e) Terrores nocturnos, miedo a la oscuridad:

- Algunos niños más mayores aseguran temer a la oscuridad y ponen resistencia a meterse en su habitación cuando llega la noche. Es importante no estigmatizar esto pues puede ser peor. El niño necesitará validar su emoción y mucha comprensión. Una pequeña luz, dejar la puerta entreabierta o acompañarle hasta que se quede dormido puede ser un comienzo para superar este miedo. Una «terapia de choque» no será de utilidad. Hay que transmitirle amor y confianza, la seguridad de que papá y mamá están cerca y van a acudir en cuanto él lo necesite.

- Los terrores nocturnos son otro motivo de despertares. Se trata de una interrupción del sueño similar a una pesadilla, aunque mucho más intensa. El niño se levantará repentinamente, gritará, estará asustado y sudoroso. No sucle despertarse, a diferencia de las pesadillas, en las que el niño se despierta asustado y recuerda lo que ha soñado. Suele suceder cuando se encuentra en sueño profundo, por eso no recuerda lo que ha sucedido a la mañana siguiente. Normalmente el terror nocturno puede responder a un cansancio excesivo, a un cambio reciente en el entorno, a un consumo excesivo de cafeína (ojo a los refrescos) o azúcar o a la ingesta de un nuevo medicamento. A veces están relacionados con sucesos traumáticos que pueda estar viviendo el niño. A veces, simplemente, son evolutivos y no tienen ninguna causa concreta.

  Los terrores tienen lugar en torno a 2 o 3 horas después de que el niño se duerma. Si ves que se repiten mucho, acude a un especialista para revisar qué puede esconderse detrás, aunque la mayoría de veces son evolutivos y desaparecen sin más.

  Cuando sucedan, simplemente acude a calmarle, no le despiertes, permanece con él hasta que se tranquilice y pueda volver a dormirse.

No hay una fórmula mágica, la adquisición de estos hábitos de sueño puede tomar años. Hay que probar diferentes estrategias y asumir que hay que repetir actuaciones algo «fastidiosas» cada noche: despertarse, atenderle, dormirle, acostarle en su cuna o cama o acompañarle a su habitación, volver a nuestra cama, despertarse de nuevo...

La flexibilidad y la paciencia a la hora de abordar esta problemática ofrece ventajas a todos los miembros de la familia. Tener falsas expectativas en torno a cómo debe dormir tu pequeño solo causa malestar. Tu hijo de Alta Demanda es, como su propio nombre indica, alto demandante: te necesita quizá en mayor medida que otros niños y no pasa nada. No es una patología, no se desarrollará peor. Si dejamos a un lado esas falsas creencias y escuchamos a nuestro instinto, adaptándonos a las características y necesidades del niño, conseguiremos pequeños avances que nos llenarán de orgullo como padres y que llevarán a tu hijo por el camino de un crecimiento feliz y saludable.

No hay que marcarse objetivos u obligaciones irreales, no hay que darle tantas vueltas pensando que nos gustaría que las cosas fueran más sencillas, de otro modo. A veces, el problema verdadero no es la realidad en sí, sino cómo la filtramos en nuestra mente, lo que nosotros mismos nos decimos. Ser padre no es fácil y tal vez nunca sea como esperábamos. Tal vez esa sea precisamente la magia. El niño de alta demanda te sorprende desde el nacimiento. A veces te resulta fascinante, a veces solo sientes ansiedad y agotamiento. Es una montaña rusa. Sin embargo, el aprendizaje sobre la crianza y sobre tu propio rol no conocen límites y son harto enriquecedores.

«Y cuando comprendí que mi único enemigo era yo misma, ese día fue cuando empecé a ganar todas las batallas».

NO CAIGAS EN LOS MITOS

Aquí, como siempre, quiero destacar que es muy dañino dar credibilidad a esos comentarios populares de:

- «Si lo sigues durmiendo en brazos nunca aprenderá a dormir solito».

- «Es un error que siga durmiendo con vosotros a esta edad».

- «Tu hijo está manipulándote porque sabe que cada vez que llora vas a atenderle».

- «*El Dream Feeding* es la teoría de que darle la última toma al bebé mientras duerme, antes de acostarnos nosotros, estirará más el sueño. En absoluto. Lo que haremos será interrumpir su descanso y forzarle a hacer algo que no había pedido, y que por tanto no necesitaba. Si no ha pedido el bibe o la teta, es que simplemente no tiene hambre. Está durmiendo plácida y milagrosamente ¿Por qué despertarle?»

- «Eso es porque no le has pasado ya al biberón», «Se despierta porque no le has metido cereales». Lo habrás escuchado varias veces y habrás dudado. Según esta teoría, al estar más saciados, duermen mejor. Y por eso todos te aconsejan introducirlos precozmente. Mi consejo, cada cosa a su tiempo. El carácter y personalidad de tu bebé de alta demanda no se soluciona con cereales en la leche, ojalá fuera tan fácil. Cabe recordar que la Asociación Española de Pediatría recomienda la lactancia materna en exclusiva hasta los 6 meses. Hasta esta edad, los sólidos y los cereales no son necesarios. Y con posterioridad, sigue siempre los consejos de tu pediatra.

- «Déjalo llorar que se acaba durmiendo». O acaba desarrollando una hernia de tanto gritar. Ya he hablado de esto, el niño llora porque es su única herramienta para expresarse. Si llora, es porque necesita algo (a su madre o padre, principalmente). ¿Por qué torturarle si hay otras formas de hacer las cosas?

- «No has sabido enseñarle a dormir». Ni caso. Los papás de bebés de alta demanda sabemos que no es una cuestión de aprendizaje. Los primeros interesados en que el bebé duerma son los padres, así que no hay duda de que han intentado «enseñarle» a dormir. Cierto es que hay que promover unos hábitos saludables de sueño, y que eso se aprende, pero igual de cierto es que esto es posible a partir de cierta edad, y no en un recién nacido. Desde que abre los ojos el niño tiene claro cómo quiere dormir, y no es precisamente en la cuna. Además, su carácter inquieto y curioso le impide conciliar el sueño. Las generalidades no sirven, no existen niños iguales, no se pueden aplicar estas teorías o «verdades absolutas» a todo el mundo. El sentimiento de culpa no te ayudará en el ejercicio de la paternidad, hazlo desaparecer pues es un lastre muy pesado. Tú sabes lo que necesita tu hijo, y tú sabes y haces lo mejor que puedes para dárselo.

- Es cierto que hay unas ventanas de sueño que nos dicen que lo normal en los bebés recién nacidos es que duerman hasta 18 horas diarias. O que entre los seis meses y el año suelen dormir 14 horas diarias. Son baremos aproximados, pero no tienen que agobiarnos. Al igual que los mayores, hay niños que necesitan más horas de sueño y otros menos. Los pequeños de alta demanda, por su naturaleza, probablemente no necesiten llegar a esas maravillosas 18 horas de sueño. Lo importante es que el niño mantenga un desarrollo óptimo y esté sano.

Paciente en consulta:
—Úrsula, me esfuerzo. De verdad que lo hago, pero por más que lo intente no consigo que el niño duerma ¿Qué estoy haciendo mal?

Desde mi punto de vista solo estás cometiendo un error, y es dejarte vencer por esas creencias populares e irreales que aseguran que un bebé debe saber dormir solito y toda la noche desde casi el principio.

Cada niño es un mundo y tiene unas necesidades, si además hablamos de Alta Demanda, olvídate de todo lo que creías saber

Pero… ¿Y el famoso Método Estivill?

Evidentemente, siendo tu hijo de Alta Demanda y teniendo tantos despertares nocturnos, lo primero que has oído al comentar el tema es la referencia a este método.

Lo encontraremos reflejado en el libro *Duérmete niño* del Neurólogo catalán especialista en sueño, Eduard

Estivill. La finalidad es ayudar a los padres a conseguir que sus bebés concilien el sueño solos. Según su creador, los niños están preparados para dormir sin la ayuda de sus padres a partir de los 4-6 meses de edad. Se parte de la idea de que los padres hacemos que nuestros bebés adquieran hábitos inadecuados de sueño. Cuando son muy pequeñitos les dormimos a distintos horarios, en la silla del coche, en el cochecito de paseo, en la cuna, en el sofá, en brazos, en una terraza tomando café... De esta forma, el bebé no adquiere una rutina adecuada del sueño y lo que intenta conseguir este método es ayudar a los padres a crearlas.

¿Por qué es tan polémico?

Algunos han resumido la metodología de Estivill como «dejar llorar al niño hasta que se canse» y no es exactamente esto, pero tiene algo que ver. Este método recomienda a los padres que acuesten al niño y lo dejen despierto en la cama durante periodos cada vez más largos, que van desde 1 hasta 17 minutos. Esta rutina se llama «espera progresiva» ya que el tiempo de espera debe aumentar paulatinamente. Es decir, aunque el bebé llore no se puede acudir hasta que toque y, cuando se haya cumplido el tiempo de espera, los padres sólo pueden consolarlo desde la distancia, no pueden ni cogerlo en brazos, ni darle de comer.

Por qué no estoy de acuerdo con este método o similares:

- «*Hay que enseñar a los niños a dormir*». Lo cierto es que los niños nacen sabiendo dormir, al igual que nacen sabiendo mamar. Otra cosa es que lo hagan en el horario que nosotros queremos que lo hagan.

- *«El niño puede dormir sólo a partir de los 4-6 meses de edad»*. Efectivamente, a partir de los 6 meses de edad los ritmos biológicos y del sueño cambian, los niños empiezan a tener un horario más parecido al de los adultos y duermen más horas del tirón, pero eso no significa que vaya a dormir solo toda la noche. Cada niño tiene un ritmo de maduración distinto.

- *«Funciona en el 94% de los casos, ya que los niños aprenden a autocalmarse»*. Este dato de eficacia puede ser real si acotamos las estadísticas, pero esto no quiere decir que los niños no se despierten. Se van a seguir despertando, pero dejan de llorar o de llamar a sus padres porque han aprendido que nadie va a acudir a su llamada, no porque así les hayamos enseñado a ser más fuertes y autónomos.

En resumen, el método Estivill es un método de modificación de conducta. Los niños aprenden a base de «indefensión aprendida», concepto que ya hemos definido y que implica que «si no me atiendes cuando llamo/lloro/reclamo, al final dejo de hacerlo porque siento que no sirve para nada».

Entonces ¿qué hago si no me convence Estivill?

En la línea opuesta encontramos la crianza natural, acuñada por el pediatra William Sears, (al que ya conocemos sobradamente). Defienden el colecho, piel con piel, el porteo, o atender al niño en cuanto llora.

Como en todo, hay detractores tanto de un método como de otro. Yo no soy quién para meter cizaña en cuanto a este polémico asunto, sin embargo, en cierto modo, sí abogo por encontrar un equilibrio sensato y racional ambas visiones.

¿Esto qué quiere decir? Que criar desde el amor y la comprensión siempre es un acierto, que dejar llorar a mis hijos siempre me resultó difícil, pues sabía que no tenía fin y podían pasar horas y horas. Sin embargo, algunas herramientas sencillas para gestionar su intensidad y marcarle unas rutinas y unas pautas diarias me resultó muy útil. Además, ser flexible y entender que su llanto no es una manipulación ni un capricho, también permite empatizar con sus necesidades y no castigarlas.

Y tranquilo, tu hijo no dormirá en tus brazos cuando tenga quince años. (¡Aunque ya te gustaría! Porque lo vas a echar de menos...)

LA ALIMENTACIÓN EN EL NIÑO DE ALTA DEMANDA

Este es otro tema que preocupa a los padres. El niño de alta demanda es tan inquieto y activo que incluso el hecho de comer se convierte en algo complicado.

Pero vayamos por partes y por etapas.
El niño de alta demanda durante la lactancia:

Nuestras madres y abuelas insisten en que ellas daban el pecho cada tres horas, se pusiera el niño como se pusiera, y que eso de «a demanda» como se estila hoy en día, es una auténtica desorganización. Como todo, hay opiniones muy diversas. La madre es libre de escoger cómo y cuándo alimentar a su hijo, independientemente de lo que se lleve, se aconseje o se comente.

Pero, en nuestro caso, nos vamos a centrar en la lactancia materna del niño de alta demanda, donde la expresión «a demanda», es de lo más acertada.

Te habrás dado cuenta que tu bebé no se despega de ti. «¿Será que pasa hambre?», piensas preocupada cuando vuelve a reclamar pecho al poco rato.

El bebé de alta demanda exige que la madre esté «con la teta fuera» (como se dice coloquialmente) prácticamente todo el día. Y no es una exageración.

Ya conocemos las características de este niño, necesita del cariño y del afecto en la misma medida que otras necesidades básicas como el comer o el dormir. Cuando juntamos ambas: afecto y alimento, podemos hacernos una idea de cómo es la etapa de la lactancia.

Porque no solo reclamará el pecho de la madre para comer, sino para todo lo demás: para calmarse, como consuelo, como chupete o para dormirse.

Hablamos de un bebé nervioso e inquieto, cuanto más pequeño, menos recursos tiene para calmarse. El pecho materno, lo primero que ha conocido al llegar al mundo, es su punto de referencia, su lugar seguro, su remanso de paz.

Paciente en consulta:
—Solo consigo que se duerma si está enganchado al pecho y, como se me ocurra sacarlo de ahí, se despierta en drama.

Es algo que suelen comentar las mamás de estos pequeños. La lactancia del bebé de alta demanda es, si cabe, más exigente de lo normal. De hecho, es probable que tengas que estar horas con el niño enganchado al pecho para que duerma y, de paso, poder descansar tú también. Porque cuando empieza a llorar no hay consuelo posible, la única solución es darle teta. Algunas veces comerá más, otras, se dormirá a los tres minutos y te sentirás frustrada. «¿Y por qué no te duermes en tu cuna o en brazos de papá?», pensarás agotada. Pero el pobre angelito solo quiere cubrir sus necesidades, sin entender lo que eso puede implicar para ti. Él solo quiere a su mamá, su alimento, su olor, su calor y su cariño. ¿Quién no querría estar relajado en el spa, tumbado en una hamaca disfrutando de un daiquiri? ¿Si te dieran a elegir estarías allí cinco minutos o todo el día? Pues lo mismo le pasa al bebé, para él el pecho es el paraíso ¿Cómo va a querer soltarlo?

Es probable, además, que llegado cierto momento, cuando quieras introducir alimentos sólidos, el niño se resista. Es habitual en los niños de alta demanda que renieguen del biberón y les cueste acostumbrarse a la cuchara. Saben lo que pretendes y se negarán con todas sus fuerzas.

Carmen, mamá de una bebé de alta demanda de 6 meses:
Te juro que me dice que «no» con la cabeza cuando le arrimo la cuchara. ¿Puede un bebé tan pequeño hacer ese gesto? Se niega en redondo a probar nada que no sea el pecho.

No será fácil, pero tranquila, no hay ningún niño que, con diez años, se alimente exclusivamente de pecho. Tu hijo comerá de todo, pero lo hará a su ritmo y, mejor que retarle, será darle su tiempo y su espacio. Ya hemos dicho que es un niño de gran carácter y temperamento, insistir demasiado puede implicar que coja odio o animadversión por los alimentos que le ofrecemos. Si, por ejemplo, tu intención es que empiece a tomar fruta en la merienda, no dejes de ofrecérsela cada día, aunque siga rechazándola. Con paciencia, de buen talante y enseñándole cómo se come y lo rica que está cuando tú la pruebas, el niño irá asimilando y acostumbrándose a esa nueva rutina y, un día inesperado, la curiosidad y su propio desarrollo le vencerán y comenzará a probarlo. No te desesperes, no quieras ir más rápido porque todos digan que a los seis meses deben estar comiendo de todo, no compares y no te marques objetivos irreales.

La lactancia materna en el bebé de alta demanda es un trabajo 24/7, agotador y severo. Pero también crea un vínculo sólido cuyos efectos y recompensas, siempre en forma de amor, podremos disfrutar en esta primera y apasionante etapa de la maternidad.

En el momento que empieces a introducir la alimentación complementaria, puede ser una buena oportunidad, si así lo deseas, para ir poniendo un poco de orden en la lactancia. Como el niño queda más lleno con los alimentos sólidos empezará a alargar las tomas, y eso te permitirá discernir mejor cuándo pide pecho por hambre y cuándo como consuelo. Cuando sea por la segunda razón, puedes ir enseñándole otras formas de calmarse, pues no siempre te tendrá a ti al lado cuando necesite relajarse o tranquilizarse. Siempre de forma amorosa y paciente, pero también es importante ir enseñando al niño a auto gestionarse e ir siendo más independiente.

En estos momentos, cuando tú sientas que está saciado y no pide pecho para alimentarse si no para calmarse, puedes ofrecerle otras alternativas: acunarle, acariciarle, cantarle... es decir, ir ampliando el repertorio de conductas que le ofreces para calmarle, para que no dependa tanto del pecho. Llegará un día que necesites dejarlo unas horas al cuidado de otra persona, o que empiece en la escuela infantil, o simplemente, que decidas retirarle la lactancia materna. De este modo, irás progresivamente y de una manera respetuosa, ayudándole en este proceso.

El niño de alta demanda durante el crecimiento:

Cuando es más mayor, al niño de alta demanda le puede costar adaptarse a nuevas texturas o sabores, o incluso le resulta difícil permanecer quieto en la silla y se aburre hasta de comer.

Esa sensibilidad tan alta que muestra a nivel emocional, también sale a relucir en el ámbito culinario. Cuando le introduzcas un producto nuevo en su puré de siempre lo notará al instante.

Además, si a veces suele ser exagerado, el momento de la comida también puede ser una buena excusa para hacer un drama por algo que, en apariencia, es tan simple como darle una crema de calabaza, ponerle el babero o darle yogur natural en vez de fresa.

El niño de alta demanda tiene muy claro lo que quiere, y la perseverancia necesaria para defender sus gustos con contundencia.

Así que como en todo lo demás, paciencia. Quizá tardes más en darle de comer, pero encontrarás los recursos que te funcionen: tal vez necesita tener algún juguetito entre las manos mientras come para compensar la fuerte energía o ansiedad, quizá prefiera comer solo primero porque le agobie estar en el bullicio de la mesa familiar, o quizá prefiera estar con vosotros porque disfruta de la compañía y se entretiene más. Todo depende de la edad y de su personalidad. Conforme sea más mayor, hacerle partícipes de la preparación de la comida puede ser atractivo para él y esta implicación ayude a que disfrute más de los alimentos.

Paciente en consulta:
—Úrsula, mi problema es que, con mucha frecuencia, sobre todo sobre todo cuando coge un berrinche, el niño vomita. El pediatra dice que no tiene nada. Que es psicológico.

Muchas veces nos encontramos ante los vómitos psicógenos, cuya causa es psicológica, que no intencionada, y podemos asustarnos. Son muy frecuentes en niños y su diagnóstico es complicado porque puede obedecer a numerosas causas.

Si el niño vomita con frecuencia o sin causa aparente, lo primero es acudir al pediatra para que descarte causa orgánica. Después sería aconsejable visitar al psicólogo infantil.

El lenguaje emocional de un niño es limitado: llorar, gritar, patalear, pedir mimos…Los vómitos son otro de los recursos que tienen para expresar lo que les pasa.

Cómo lidiar con la alimentación del niño de alta demanda

- El niño de alta demanda suele ser exquisito y no pasa nada. Los adultos también tenemos preferencias a la hora de comer. Antes de desesperar porque rechaza todo lo que le das, busca alternativas, piensa en nuevos menús o formas de ofrecerle lo mismo con diferentes texturas. Sé que esto implica más trabajo, pero la alimentación no puede dejarse de lado. tu hijo comerá de todo y probablemente tenga buen estómago, simplemente necesita que se acierte con lo que le gusta más.

- No te marques expectativas irreales y busca apoyo en tu pediatra. Siempre y cuando el niño esté sano y tenga sus necesidades nutricionales cubiertas, no te agobies ni pretendas que coma lo que tú crees que debería comer de la manera en que se considera que debería hacerlo.

- La evolución a la hora de introducir los alimentos será lenta y deberás escoger con calma los objetivos. Lo mejor es empezar por lo fácil, papillas de frutas y cereales. A algunos no les gustan las papillas comerciales, pero puedes hacerlas tú misma dándole un poco de sabor con fruta cocida.

- Marca una rutina y procura no moverte de ella. Mismos horarios, mismo entorno, misma sintonía. Negará la cuchara sin tan siquiera haberlo probado. No te rindas, esta sí es una batalla en la que debes participar y ganar. No hay que forzar, pero tampoco desesperarse y abandonar. Al principio solo conseguirás un par de cucharadas, con el tiempo mejorará.

- Conforme crecen aparecerán novedades y negativas que creías superadas. Como todo, son fases. La comprensión, dialogo y paciencia serán claves.

- El ejemplo ayuda, por supuesto. Un niño que no tiene costumbre de ver a su familia en torno a la mesa, comiendo rico y variado, respetando el momento de la comida y la importancia del acto, no sabrá valorarlo. Implícale y haz que estos momentos sean atractivos para él.

- Las amenazas y los gritos o castigos no sirven. Nadie come a gusto en un ambiente de tensión y conflicto. El momento de alimentarle a veces se convierte en un tira y afloja, en un momento tenso y desagradable. Si esto está sucediendo, te animo a que revises y cambies cosas porque estáis pasándolo mal ambos. A veces cambiar nuestra actitud un poco, relajarnos, o revisar nuestras expectativas, puede suponer una gran ayuda.

«Nadie puede ser sensato con el estómago vacío».
GEORGE ELIOT

¿Cómo pueden traducirse los vómitos?

- Expresión de ansiedad. El niño de alta demanda suele ser ansioso. Se preocupa por todo, se estresa con facilidad… es un perfil de niño que puede que vomite antes de un examen, o por la mañana antes de ir al cole si no quiere separarse de mamá.

- Como expresión de malestar emocional. A veces los vómitos coinciden con la aparición de algún estresor psicosocial: la llegada de un hermanito, un cambio de domicilio o de escuela, el divorcio de los padres... en estos casos el vómito se presenta como salida a las emociones negativas que no sabe cómo expresar. Recuerda que la hipersensibilidad es una característica muy común en el niño de alta demanda.

- Rabietas y enfados. En este caso los vómitos igualmente nos muestran una emoción del niño, enfado o frustración, pero además se puede producir una instrumentalización. Esto significa que el niño aprende que el vómito le sirve para algo. Por ejemplo, el niño está llorando porque no le compramos algo en una tienda, coge una rabieta tremenda y nosotros le ignoramos. Pero de repente vomita y vuelve a tener nuestra atención y nuestros mimos. Es posible que inconscientemente aprenda que el vómito le ha servido para obtener algo positivo, y que lo vuelva a hacer.

- Durante las comidas: generalmente cuando el niño no quiere comer algún tipo de comida y se le obliga. O cuando estamos introduciendo alimentos o texturas nuevas. En este caso no suele ser un vómito psicógeno, sino más bien obedece a una respuesta normal a algo que nos produce asco o repugnancia. Pero... puede pasar como en el caso anterior. Según nosotros reaccionemos, haremos que aprenda a usar esa estrategia o no.

¿Cómo debemos actuar?

En primer lugar, no debes asustarte ni alarmarte. Si tu reacción es exagerada, puede que el niño se asuste y le coja miedo a vomitar (emetofobia).

Una vez sepamos qué está causando los vómitos, se trabajará, no sobre el hecho de vomitar en sí, sino en resolver los problemas o dificultades por las que está pasando el niño y que están en la base del problema. Esto en los casos en los que el origen es la expresión de un problema de ansiedad, emocional, etc.

Cuando el vómito está simplemente relacionado en contextos de rabietas (muy frecuente entre los dos y los tres años), simplemente no dar importancia al hecho. Limpiar todo, lavar al nene, y no prestar demasiada atención al niño en ese momento (extinción). Por supuesto no conceder lo que le estábamos negando («venga, te compro el juguete», o «vale, no volveré a darte pescado», etc.). De esta manera evitaremos que el niño aprenda que el vómito tiene utilidad.

El niño de alta demanda realiza todo con más sensibilidad, entrega e intensidad, el hecho de comer no es distinto. Como con todo lo demás, la paciencia, la flexibilidad y adaptarse a los ritmos y necesidades del niño, sin marcarte expectativas irreales, te permitirá ir alcanzando logros poco a poco.

«Para conseguir cualquier cosa, solo necesitas amor y paciencia».

CAPÍTULO 6

EXCESO DE ACTIVIDAD Y MOVIMIENTO

NO ES HIPERACTIVO, ES DE ALTA DEMANDA

La palabra hiperactividad se usa con gran frecuencia para definir a los niños movidos, inquietos o nerviosos. En el caso de tu hijo, sin embargo, puede llegar a confundirte.

Y es que es importante destacar que alta demanda e Hiperactividad no son lo mismo. Es importante distinguir entre un niño activo y con exceso de actividad y movimiento, (rasgos que seguro identificas en tu hijo de alta demanda) y los síntomas propios de un Trastorno por Déficit de Atención e Hiperactividad (TDAH). Algunos de los síntomas que presentan estos niños son impulsividad, hiperactividad y dificultades de atención y concentración. El TDAH no se puede diagnosticar antes de los 6/7 años, puesto que cuanto más pequeño es el niño, más frecuente es que sea muy activo o que le cueste concentrarse por periodos largos, sin ser esto indicativo de patología alguna. Sin embargo, al empezar primaria, los niños con TDAH pueden tener dificultades para seguir el ritmo de la clase, o para terminar las tareas.

Por otro lado, el TDAH suele conllevar otras dificultades asociadas, como problemas de conducta, o déficit de habilidades sociales.

Todos estos síntomas deben presentarse en intensidad tal que afecte significativamente al adecuado ajuste social, familiar o escolar.

No obstante, si llegada esta edad te preocupan estos rasgos de tu hijo, lo mejor es que consultes con un psicólogo clínico para que te ayude a salir de dudas.

Ahora bien, como digo, no hay que alarmarse antes de tiempo. El TDAH se ha dado a conocer con ahínco en los últimos años (tal vez las ganas de dar respuesta a lo que no podemos controlar o entender, tal vez los intereses farmacéuticos…) y pareciera que cualquier cosa que se sale de la norma tiene necesariamente que recibir un diagnóstico médico preocupante. No es así. El TDAH va más allá de una energía elevada o dificultades para la concentración. Hay tres subtipos de este trastorno:

· Falta de atención predominante.
· Conducta hiperactiva/impulsiva predominante.
· Combinado. Mezcla de síntomas entre falta de atención e hiperactividad/impulsividad.

Por tanto, el TDAH requiere el cumplimiento de una serie de síntomas marcados e identificables que afectan claramente al desarrollo, evolución o adaptación normal del niño al entorno.

La alta demanda poco tiene que ver con esto y, aunque comparta el rasgo de la actividad, inquietud o nervio, son

enfoques muy distintos. Con el TDAH se percibe notoria-
mente que el niño presenta dificultades reales, que se
escapan a su control o decisión, para permanecer sosegado,
concentrado o seguir el ritmo académico o de socialización
de otros compañeros.

En el niño de alta demanda, sentiremos que todo
depende de su personalidad marcada e intensa, y que el
niño es muy consciente de lo que hace, por qué lo hace, de a
qué presta atención y a qué no. Se trata simplemente de un
niño que siempre quiere y necesita más y al que el aburrimiento le mueve de un lugar a otro, pero sin presentar un
problema en su correcto desarrollo o adaptación.

Para que puedas entenderlo con más claridad y si sirve
para quitarte preocupaciones, te dejo este cuadro donde,
los mismos patrones, se explican en uno y en otro caso:

TDAH	ALTA DEMANDA
Incapacidad de prestar atención minuciosa a los detalles.	Parece desconcentrarse con facilidad o saltar de una cosa a otra, pero es capaz de fijarse en los detalles y centrarse en lo que le gusta.
Falta de concentración.	No se trata de disper-sión, sino más bien de aburrimiento.
Parece no escuchar.	Tiene muy buen oído, escucha perfectamente y entiende las órdenes (otra cosa es que quiera acatarlas).

Dificultad para seguir instrucciones.	No se trata de dificultad para entender o seguir instrucciones, sino de su personalidad o rebeldía a la hora de cumplirlas.
Olvidadizo y distraído.	Son niños despiertos e inteligentes, con buena memoria.
Inquieto, nervioso, incapaz de permanecer sentado mucho tiempo.	Inquieto y movido, muy activo, energía desbordante.
Interrumpe conversaciones y juegos, habla apresuradamente.	No necesariamente, pero a menudo aparece.

En cualquier caso, como te sugería, siempre ante la duda consulta con un neuropediatra o un psicólogo infantil para descartarlo, pues tan malo es sobrediagnosticar, como no diagnosticar y que el niño quede sin el tratamiento que pudiera necesitar.

¿Cuál es entonces la diferencia con la alta demanda?

Tu hijo alto demandante puede parecer que, a ratos, es incapaz de concentrarse, pero nada más lejos de la realidad. ¿Qué pasa entonces? Que tu hijo sabe perfectamente lo que le interesa y, si hay algo que no le estimula lo suficiente, va a ignorarlo por completo (puede ser el caso de los libros escolares o los deberes). Tu hijo consume estímulos y actividad a una velocidad pasmosa. El problema (si es que lo hay, o por llamarlo de alguna forma), no es la concentración, sino el aburrimiento, la motivación.

Probablemente este punto también ha rondado mucho tu mente. ¿Cómo llevará el colegio? ¿Se quedará por detrás? ¿Se mostrará rebelde o problemático en clase? ¿No querrá estudiar nunca?

Como siempre, tranquilidad. El camino es largo y ya has asumido que tu hijo es maravilloso, pero que quizá necesites algunos truquitos especiales, flexibilidad y mucha paciencia para adaptarte a él y entenderle. Los estudios pueden llegar a ser otro reto que, con ayuda e ingenio, podrás convertir en algo atractivo y estimulante para él.

Tu hijo no para, desde que se levanta no pone el culo en una silla ni un segundo. Suspiras mirándole derrotada ¿No se cansará nunca?

No, lo más probable es que no se canse. El mundo es fascinante: jugar, descubrir, recibir el cariño de mamá, salir a la calle… Necesita estar alerta permanentemente y derrochar esa energía que le sale a borbotones por cada poro de su cuerpo.

Como ya he dicho, e insisto, no es una patología, tienes un hijo movido y muy activo que puede contigo (y probablemente con varios más como tú).

«¿Y qué hago, Úrsula? ¿Me consumo en el intento de criarlo?».

Tu hijo de alta demanda va a exigir mucho de ti. Ya he comentado en otros capítulos que debes aprender a delegar y pedir ayuda, es necesario para ti y para tu hijo. Solo así mantendrás cuerpo y mente a pleno rendimiento para criarle y no perderte detalle de su inquieta pero maravillosa forma de vivir la vida.

SACIAR SU SED DE ACTIVIDAD

No puedes tener a tu hijo sentado más de diez minutos (probablemente sean menos), tampoco le puedes tener encerrado ni esperar que se entretenga toda la tarde sin salir de su cuarto de juegos. Parece que nada es suficiente.

Evidentemente, siendo tu hijo de alta demanda tendrás que favorecer una vida activa y una serie de incentivos que le ayuden a quemar tanta vitalidad. Puede que el plan de peli y manta para el domingo te apetezca mucho, pero lo que tu hijo va a reclamar y necesitar es que cojáis las bicicletas y recorráis el parque o la montaña. Que vayáis a jugar al futbol, a cansaros a la playa o hacer competiciones en la piscina. Cualquier plan que incluya deporte será muy positivo para él, tanto física como mentalmente.

Ahora bien, tampoco hay que volverse loco y llenar su agenda de un estresante itinerario de actividades extraescolares.

En este nuevo siglo hemos perdido algo maravilloso y fundamental durante la infancia: la libertad del juego al aire libre. ¿Alguien se acuerda ya de lo que era salir del portal y jugar con los vecinos en la calle?

Ahora todas las actividades de ocio parecen estar excesivamente milimetradas y pensadas: a las 4, inglés. A las 5, piscina. A las 6, videojuego. A las 7, televisión.

Hoy en día priman los juegos donde la creatividad y el compañerismo brillan por su ausencia. Los niños pasan horas frente a una pantalla, todos sus momentos de diversión están muy programados y supervisados por un adulto y no hay margen para la imaginación.

Es la era consumista donde todo existe y todo viene excesivamente masticado.

El juego libre no estructurado es fundamental para el desarrollo del cerebro del niño. Es muy importante darle la opción de jugar libremente y que pueda elegir qué hacer en su tiempo libre. Los padres de hoy en día sentimos que tenemos que entretener constantemente a nuestros hijos. Que tenemos la obligación de procurarles planes fantásticos, divertidos y novedosos, anulando así toda posibilidad de la experimentación, la improvisación y la creatividad que el juego libre estimula.

El niño aprende muchas cosas a través del juego. Es un pequeño laboratorio donde descubre y adquiere conocimiento sobre el mundo, la sociedad, sobre cómo relacionarse. Aprende habilidades sociales, a resolver problemas, a ser ingenioso, a ser cada vez más autónomo, independiente y seguro.

Además del tiempo libre no estructurado, el niño tiene que tener también la posibilidad de aburrirse. Y aburrirse es fundamental en el desarrollo del niño. Porque cuando uno se aburre, tiene la posibilidad de improvisar. Ante el aburrimiento y la falta de estímulos, el niño se ve obligado a desarrollar su imaginación y creatividad, a explorar el entorno en busca de nuevos estímulos y juegos, a buscar a sus compañeros para nuevas aventuras. ¿Qué conseguimos con esto? Darle la posibilidad de pensar. Un niño necesita la tranquilidad y el espacio necesario para poder pensar. Con una actividad rígida, organizada o basada en videojuegos, la posibilidad de pensar, soñar o imaginar, desaparece.

¿Qué debemos hacer entonces?
¿Cómo encontrar el equilibrio?

Pues hay que partir de la base que no hay nada mejor que el juego libre, el aire puro, la naturaleza y el ejercicio físico. Siempre que se pueda realizar una actividad de este tipo, será lo recomendable.

Con esto no digo que haya que estigmatizar la tele o los videojuegos, pero todo a su tiempo y con sentido común. En determinadas etapas, es fundamental que tu hijo desarrolle su ingenio, imaginación y creatividad, si le damos un juego ya hecho ¿Dónde está la gracia?

Los niños son niños, tienen que ensuciarse, tropezarse, tocarlo todo, llegar a casa con arena dentro de los zapatos, caer exhaustos de tanto correr, que les duela la tripa de tanto reír con sus amigos o con papá al cazar olas en la playa. No necesariamente tiene que ser verdad aquello de «cualquier tiempo pasado fue mejor», pero en lo que se refiere al juego, volver a los básicos, a los años donde una caja de zapatos y una goma elástica nos entretenían toda la tarde, es lo mejor para una infancia sencillamente feliz.

Etapas del juego

Conociendo ya la relevancia del juego en la vida de tu hijo, te dejo una pequeña lista orientativa de lo que mejor encaja por etapas:

- Durante el primer año de vida el niño debe tener la posibilidad de moverse libremente por el suelo (sobre una manta o alfombra) y tener a su alcance juguetes y objetos de diferentes texturas, colores etc.

A esa edad va a centrarse en los aspectos físicos de los objetos: tacto, sabor, sonido, texturas... (¡lo van a chupar todo!). Le gustan los musicales, los sonajeros los peluches con diferentes tejidos y los cuentos para tocar.

- Entre el año y dos años, con el desarrollo de la psicomotricidad gruesa, gana movilidad y disfruta caminando y transportando cosas. Le gustan los arrastres, los vehículos, el cubo y la pala en la arena, le encanta mojarse y jugar con el agua, etc.

- Alrededor de los dos años y medio o tres se produce el salto al juego simbólico: ya puede jugar a «imaginar», a «ser otra persona», etc. Puede disfrutar dando de comer a los muñecos, haciendo de médicos, de profesores, presentador, astronauta etc. Le encantan los columpios y empieza a interactuar mucho con otros niños. Es importante favorecer el contacto con otros niños de diferentes edades. También dejarle explorar el entorno.

- Entre los cinco y ocho años el juego con los demás toma protagonismo, y las posibilidades del juego se vuelven casi infinitas. Es el momento de iniciarse en los juegos cooperativos, de descubrir los deportes y los juegos de reglas. Aprenden rápido a los *memory*, las cartas, construcciones tipo Lego etc. Sigue encantándole los columpios. Puede divertirse mucho con juegos tradicionales en grupo y también con juegos en solitario: dibujar, pintar, manualidades, puzles...

- De los ocho años en adelante se puede divertir mucho con juegos de mesa. Le encanta hablar y empieza a establecer amistades más duraderas. Empieza a hacer cabañas y clubes, a inventar reglas y juegos, lenguajes propios... Es la explosión de la imaginación al servicio del juego.

LA RELAJACIÓN COMO HERRAMIENTA

«Al niño de alta demanda le tenemos que hacer dos regalos: un entorno estimulante para saciar su curiosidad y canalizar su energía, y las estrategias para aprender a calmarse.»

A los niños se les da muy bien, de manera natural, vivir en el momento presente. Eso es precisamente el *Mindfulness*. Estar en el momento presente de manera plena, atenta y consciente.

Desgraciadamente, con la edad vamos perdiendo esa capacidad innata.

Hay niños nerviosos e inquietos a los que les cuesta conciliar el sueño, aunque estén agotados. Tu hijo, por ejemplo, será uno de ellos. Puede que tu hijo se preocupe por todo, se angustie con facilidad o sea miedoso.

Todos los niños pueden beneficiarse del *Mindfulness*, pero, especialmente, el niño de alta demanda.

¿Cómo ponerlo en práctica?

Hay ejercicios muy sencillos que puedes enseñar a tu hijo:

- Enseñarle a relajarse a través de prestar atención a los sonidos. Tumba al niño en su habitación o en otra estancia tranquila de la casa. Apaga las luces y abre las ventanas para que puedan entrar los sonidos de la calle. Es un ejercicio ideal para hacerlo por la noche, centrándose en el sonido de los grillos, el murmullo del aire y las hojas... Con los ojos cerrados pide al niño que preste atención a lo que escucha. Solo ha de hacer eso. Permanecer tumbado, respirando tranquilamente con los ojos cerrados y prestando atención a los sonidos que escuche. Nada más. Después, podéis reflexionar juntos sobre la cantidad de sonidos de los que habéis sido conscientes.

- Permanecer sentado cómodamente, quieto, simplemente respirando. Debe respirar tranquilamente tratando de concentrarse en cómo entra el aire y sale de sus pulmones. Si acuden a su mente pensamientos, simplemente se contemplan y se dejan ir. Podéis usar la metáfora del tren: Vais sentados en un vagón y vuestros pensamientos son los elementos del paisaje que vemos pasar por la ventanilla: árboles, casas, postes... simplemente los observamos y acaban desapareciendo de nuestra vista. No nos quedamos enganchados a ellos, ni tampoco peleamos con ellos. Los aceptamos, y los dejamos ir.

- También puedes invitarle a repetir un pequeño mantra de forma tranquila: RELAX, OMHH, NAMASTE, o cualquier otra palabra que el niño debe repetir suavemente mientras permanece sentado tranquilamente con los ojos cerrados.

Los beneficios de la práctica de la meditación en el niño de alta demanda son estupendos: favorecen la atención, el autocontrol y promueven conductas más amables y tolerantes, entre otros.

Hacerlo con asiduidad, sirviendo de ejemplo y demostrando que la calma y el sosiego también son cosas que se pueden disfrutar, tu hijo aprenderá a dedicar unos momentos del día a la relajación, a «bajar revoluciones» y templar esas energías que parecen dominarle constantemente.

> «La despreocupación es también
> una inteligencia intuitiva: vivir
> intensamente el momento presente».
> LA BRUYÈRE

Además del *Mindfulness* u otras técnicas de relación que puedas enseñarle, es recomendable también que conozcas bien a tu hijo e identifiques esas señales de que está «pasado de rosca».

Tu hijo es pequeño. Aun no sabe gestionar adecuadamente sus emociones ni sus estados de ánimo, ni siquiera sus estados físicos. Por ello es tan importante que los primeros años, tú, de manera externa, le ayudes a identificar cuando está demasiado cansado y es hora de retirarse, cuando necesita descansar un poco para bajar las revoluciones, o cuando no es buena idea jugar a lo bruto porque estamos a punto de ir a dormir.

Aparte de alguna técnica fácil de relajación, lo que debes tener presente es anticiparte a su hiperestimulación y exceso de actividad proporciónandole momentos de sosiego y desactivación. Bríndale la oportunidad de disfrutar de actividades relajantes como colorear, dibujar, hacer manualidades o escuchar audiolibros.

CAPÍTULO 7

LOS PROBLEMAS DE CONDUCTA

Lo primero que nos preguntamos los padres ante los problemas de conducta de nuestros hijos es: ¿por qué mi hijo se comporta así?

Rabietas, berrinches, desafíos, negativas a obedecer, malas contestaciones o agresiones…

Todo este rosario de las consideradas «malas conductas» irán apareciendo (si no lo han hecho ya) a lo largo del desarrollo de tu hijo. Es normal que suceda. Entonces… ¿cuándo se considera un problema?

Se consideran un problema cuando interfieren significativamente en la vida familiar o escolar. Por ejemplo, cuando recibimos llamadas continuas del colegio de que el niño pega a sus compañeros, que no sigue las reglas o que contesta mal al profesor.

O cuando en casa todo se convierte en un drama y un conflicto: el niño no quiere ir a dormir, no quiere apagar la tele, se niega a ir a la ducha, o monta un drama para vestirse por la mañana.

Cuando se producen de forma aislada no tienen la mayor importancia, y como decía, forman parte de su maduración y del repertorio de conductas que tienen que ir probando, y de todos los límites que tienen que explorar.

Sin embargo, si se presentan con mucha frecuencia e intensidad, es cuando se convierten en un problema.

Por lo que he observado en los niños de alta demanda con los que trabajo, los problemas de conducta aparecen pero no en gran intensidad. Quizá están más presentes que en otros niños debido al «alto voltaje» que presentan.

Si sumamos una gran sensibilidad para experimentar las emociones, con un fuerte temperamento, tenemos el resultado: un niño con dificultades para auto controlarse a veces, para expresar sus emociones de la manera adecuada, o para aceptar la frustración.

Una de las características que más tienen en común, es la perseverancia. Son niños muy insistentes para perseguir sus objetivos, por lo que resulta realmente difícil no rendirse a esa persistencia. Tal vez por eso los límites son a menudo tan difíciles de aplicar.

EL APRENDIZAJE DE LAS CONDUCTAS: ANTECEDENTES Y CONSECUENTES

Cuando tratamos de averiguar por qué el niño se comporta de una determinada manera o tiene determinadas reacciones, lo primero que tenemos que explorar son dos cosas: los antecedentes y los consecuentes de la conducta que nos preocupa.

Los antecedentes, como la palabra indica, es lo que precede a los comportamientos. Puede ser una situación determinada, un estado de ánimo o un estado físico. Observar y analizar que ha sucedido antes de la mala conducta nos ayudará a poder, en primer lugar, entender que muchas veces el niño solo está reaccionando, y por otro, a ponerle solución.

Paco, papá de Nicolás, 5 años:

Siempre que venimos de pasar la tarde fuera, en el parque de bolas, en un cumple o en el centro comercial, es cuando peor se porta. No quiere bañarse, me monta rabietas por la cena, se niega a absolutamente todo lo que le pido. En vez de estar contento porque hemos pasado una buena tarde y nos hemos divertido, acaba estropeándolo todo.

A Nicolás no le pasa nada. Solo es un niño de 5 años que llega demasiado cansado a casa, posiblemente también hiperestimulado, y que en ese momento ya es incapaz de seguir órdenes o hacer todas las cosas que según sus padres aun le quedan por hacer, como bañarse, prepararse la mochila para el día siguiente, cenar o lavarse los dientes.

En este caso se presentan dos de los Cuatro Jinetes de la mala conducta, a los me gusta llamar cariñosamente, porque sobre todo en niños pequeños, suelen ser las causas reales de las rabietas y malos comportamientos: **el hambre, el cansancio, el aburrimiento o la hiperestimulación.**

En el caso de Nicolás, quizá ese día ayudaría que su padre fuera un poco más flexible. Tal vez una ducha rápida con ayuda, algo ligero de cena y posponer todas las tareas que no sean indispensables. Nicolás estaba muy cansadito y seguramente demasiado excitado, y tal vez esa noche no era el momento de demasiadas exigencias.

La flexibilidad es una de las habilidades más necesarias en la educación. Es muy importante que seas capaz de elegir tus batallas. De cuando han salido los Cuatro Jinetes a pasear y tu hijo necesita «resetear», igual que los adultos.

Se nos olvida muchas veces que los niños
son personas. Que tienen días buenos y días
malos. Que tienen estados de ánimo propios
complejos. Y que no podemos exigirles
siempre lo mismo, como si fueran robots.

LOS CUATRO JINETES DE LA MALA CONDUCTA

Sí, lo sé, suena muy apocalíptico. Pero es que cuando alguno de estos jinetes aparece, suele ser el aviso de que una mala conducta está por llegar…

El sueño y cansancio. Un niño cansado es una bomba de relojería. Esto es una realidad. Y seguro que sabes de qué hablo. Un niño que no ha descansado lo suficiente, que no ha hecho su siesta o que ha pasado mala noche, tiene muchas posibilidades de mostrarse irritable, quejicoso y montar rabietas por todo.

A los adultos también nos pasa: ¿cómo te sientes después de una mala noche? Seguro que te despiertas cansado, irritable y de mal humor.

Pues los niños igual.

Lamentablemente estoy observando que muchas escuelas que no respetan las necesidades de descanso de los más pequeños. Durante toda la etapa de Educación Infantil el niño debería tener acceso a una siesta al mediodía, después de comer. Debido a la falta de medios o personal, se ha eliminado esta siesta en la mayoría de escuelas. La Sociedad Española de Pediatría es clara en este aspecto: la siesta debe mantenerse al menos hasta los cinco años, ya que es imprescindible para el correcto crecimiento y desarrollo físico e intelectual del niño. Durante la siesta el niño se recupera físicamente, pero también este período de descanso durante el día es imprescindible para la memoria y la atención.

¿Qué podemos hacer los padres?

- Favorecer y respetar los ritmos de descanso del niño.

- No caer en falsos mitos como quitarle la siesta para que luego descanse mejor.

- Si el niño está muy cansado, ser flexibles con las exigencias de ese día.

- Favorecer varios períodos de descanso durante el día (no hace falta que sean siestas, pero sí actividades tranquilas y relajantes).

- No «cansarle» para que luego esté más tranquilo. No suele funcionar así...

- Si tiene problemas de sueño significativos (muchos despertares, pesadillas, miedos) y crees que no tiene un sueño reparador, puedes consultar un psicólogo para ver qué puede estar pasando.

Laura, mamá de Berta:

Mi hijo de alta demanda no sabe parar, es imposible. Su maquinaria está en continuo y bullicioso funcionamiento, aunque lleve horas sin dormir y, en el fondo, esté destrozado. Es como el famoso muñequito del anuncio de pilas, sigue y sigue, casi de manera histérica. No ha sido fácil, pero con el tiempo he ido aprendiendo a entender esto y a preverlo. Hago mis cálculos, ya conozco sus necesidades. Como duerme de forma regular y se resiste mucho a las siestas, hay que estar ojo avizor durante el día para ver en qué momento necesita un descanso y, con cariño, obligarle a reducir la marcha. A veces solo necesita que nos apartemos a una zona tranquila a leer un cuento o ver diez minutos la tele. A veces, aunque parezca que está muy activo y con ganas de diversión, hay que saber que debemos parar la rueda porque él nunca lanza señales de cansancio. No muestra agotamiento, lo único que lo anuncia es la explosión emocional, la crisis, los llantos, los gritos. Así que, antes que todo esto estalle, hay que reaccionar y reconducirle hacia el descanso. Es un poco estresante y no siempre llego a tiempo, pero voy dominando la técnica y afianzando rutinas y horarios estrictos para que el descontrol no se nos vaya de las manos.

Hambre: El hambre afecta negativamente a su nivel de energía, a su capacidad atencional y de concentración, así como a su estado emocional. Asimismo, una mala nutrición (ausencia de frutas y verduras, exceso de carbohidratos y azúcares, alto contenido en grasas saturadas…) también resulta nociva para el cuerpo y provoca picos de insulina.

El hambre interfiere en el comportamiento y en el estado emocional (irritación, cansancio…).

Esto también te suena seguro: ¿acaso cuando estás hambriento no te pones de mal humor?

¿Qué hacer?

- Realizar las comidas principales del día y añadir dos o tres refrigerios saludables entre las comidas. Lo más importante no es la cantidad, sino la calidad y frecuencia.

- Proporcionar alimentación saludable diariamente.

- Llevar siempre a mano un tentempié saludable: galletitas saladas, biscotes, o algún zumo natural.

- Tratar de respetar los horarios de alimentación, aunque estemos fuera de casa. No hace falta ser rígidos y llevar un horario estricto, pero si mantener la rutina.

- Anticiparse al hambre. Muchas veces los niños están tan distraídos jugando que ni sienten las sensaciones corporales del hambre. Por ello no hace falta esperar a que pidan la merienda. Si hace horas que comieron y es su hora, ofrecérsela aunque no la hayan pedido.

- Ofrecerle agua con frecuencia, no suelen pedirla y se deshidratan con facilidad.

Hiperestimulación: Es mi jinete favorito. Tiene el éxito asegurado. Cuando aparece la hiperexcitación, lo que comúnmente conocemos como: «está pasado de rosca», sabemos que el conflicto está casi asegurado.

Existen situaciones que de manera natural provocan una mala conducta en los niños, como son las situaciones muy activas, ruidosas e intensas (parques de bolas, cumpleaños, centros comerciales, aglomeraciones, supermercados...). Con tanto flujo de estímulos sonoros, visuales y auditivos, los niños se desbordan y se ponen nerviosos: aparecen entonces las temidas rabietas, lloros o llamadas de atención.

¿Qué hacer?

- En primer lugar ser conscientes de que no todas las situaciones son aptas para todas las edades. Cuánto más pequeños son, más debemos ser conscientes de sus limitaciones y adaptar los ritmos y lugares que visitamos.

- Planificar visitas, paseos o compras adaptados a su edad: un niño de 3 años metido todo el día en un centro comercial, es garantía de mal comportamiento.

- Planificar y organizar el día: así podremos proporcionar momentos de más calma y control, en los que podamos alternar las situaciones o lugares estresantes, con otras más relajadas.

- Si el niño se encuentra muy excitado, retirarle de la situación un tiempo, no a modo de castigo sino para ayudarle a relajarse y controlar sus emociones. Por ejemplo, si estamos en un cumpleaños en el parque de bolas, y observamos que el niño está muy excitado, sudando, gritando, y empezando a alterarse o cansarse demasiado, podemos acompañarle unos minutos al baño, refrescarle, darle agua, o incluso tomar el aire cinco minutos en la puerta.

Así le daremos la oportunidad de bajar un poco las revoluciones.

• Evitar permanecer demasiadas horas en sitios muy estimulantes.

Aburrimiento: este es otro de mis favoritos. Un día de lluvia metidos en casa con los niños, es garantía de que acabarán llorando, peleando, todos nerviosos y con gritos. A no ser que tengamos en cuenta algunas cosas.

De manera natural los niños son curiosos y les encanta estar en movimiento y aprender de su entorno. Están «diseñados» para aprender, por lo que su cerebro está ávido de estímulos y experiencias. Necesitan actividad al aire libre, mucho tiempo de juego libre no estructurado, estar con otros niños, y en un entorno estimulante.

Por ello, si no le proporcionamos los estímulos adecuados el aburrimiento se apodere de ellos y se generen problemas de comportamiento. Un niño aburrido suele ser un niño que acaba chinchando al hermano, llamando la atención o montando un berrinche por cualquier cosa.

¿Qué hacer?

• El aburrimiento suele aparecer también en los tiempos de espera: una larga comida en un restaurante, una tarde de compras, o tener que acompañarnos de aquí para allá haciendo recados. Procura llevarle siempre una bolsita de juguetes y algo para colorear.

• Darle tareas y hacerlo partícipe de nuestras actividades. Por ejemplo, si estamos de compras, en vez de meterlo en el carro y darle el móvil, podemos hacerle nuestro ayudante, encargarle que coja algunos productos, que nos lea la lista de la compra o cualquier otra pequeña tarea que se nos ocurra. A los niños les encanta estar ocupados.

- Usar juguetes creativos, añadiendo con frecuencia nuevos. Esta es una sugerencia que me ha servido personalmente mucho: coge todos sus juguetes y repártelos en 3 cajas. Una la dejas fuera, y las otras dos las guardas en el trastero. Cada semana vas alternado la caja que tiene fuera, así le parecen novedosos los juguetes y no jugará siempre con lo mismo. (Esto funciona mejor con niños más pequeños).

- Cambiarle de sitio, no tenerle durante horas en la misma habitación. A veces algo tan sencillo como eso puede ayudar a pasar mejor esa tarde metidos en casa.

- Ten preparada una caja de manualidades. Nada les gusta más a los niños que crear cosas. Cola blanca, unos folios de cartulina, algodón, macarrones o cualquier cosa que se te ocurra. En momentos de aburrimientos, saca la caja de manualidades y permíteles crear algo. Te sugiero que les des un «para qué», pues eso les suele motivar: un dibujo para el día del padre que está próximo, algo para los abuelitos a los que visitaremos el domingo…

- Sacarle mucho al aire libre. No importa si llueve o hace frío. Los abrigas bien y los sacas un rato al parque. Los niños necesitan el aire libre como el comer.

Rebeca, madre de un niño de alta demanda:

Desde que nació parecía que nada era suficiente para mi hija, ningún estímulo o actividad parecía saciarla. Fue complicado encontrar el equilibrio. La ausencia de entretenimiento era nefasta, el exceso, también. Pese a necesitar actividad y retos nuevos de manera constante, nunca han funcionado los entornos ruidosos, llenos de gente, colores y distracciones. Era un bebé al que tenía que sacar de casa a las ocho de la mañana porque si no estaba histérica. Era pisar la calle, y un remanso de paz. Yo la miraba indignada ¿estaba jugando conmigo? No, simplemente son bebés que necesitan más, más de todo, pero con la regulación de los padres, porque también son fácilmente saturables. He ido descubriendo que la calle, el parque, el campo, la naturaleza y los espacios abiertos donde se siente la libertad son el mejor bálsamo, funcionan prácticamente siempre. Mi hija es muy activa, necesita retos físicos y mentales cada día, sino se aburre, y el aburrimiento genera catástrofe. Al principio pensaba que había que romperse mucho la cabeza para saciar su ansia, pero en realidad dejar que explore el mundo, tal cual es (y siempre acompañándola porque no tolera apartarse más de medio milímetro) es suficiente. Todos los días salimos a la calle sin excepción, todos los días hacemos rutinas variadas que alternen casa, exterior, socialización y familia. Se hace imprescindible que el día sea organizado y variado, y eso nos funciona.

Después de analizar algunos de las Antecedentes más comunes en el mal comportamiento infantil, vamos a ver qué son los Consecuentes.

LOS CONSECUENTES

Los <u>consecuentes</u>, es lo que ocurre después de emitirse la conducta, es decir, la consecuencia. Generalmente tiene que ver con el manejo que hacemos nosotros de la mala conducta del niño.

Con un ejemplo lo vas a entender mejor:

Un niño tiene una rabieta descomunal en el centro comercial porque quiere una chuchería. Los padres, con tal de que deje de llorar y tras varios intentos por disuadirle, le acaban comprando el dulce. Ha comprendido que si actúa así, sus padres terminan por concederle lo que pide. Así que siempre que quiera algo, hará lo mismo e incluso lo extenderá a situaciones similares. Por ejemplo, si sabe que con sus rabietas obtiene lo que quiere de sus padres, actuará así ante cualquier capricho que tenga sabiendo que sus padres van a ir a satisfacer sus deseos. Por este motivo es importante modificar ciertas consecuencias para que algunas conductas no se mantengan.

Cómo ves, el niño está probando estrategias para lograr sus objetivos. Unas veces serán las adecuadas, y otras no. Pero él no lo sabe. Él solo «prueba». Por eso es tan importante el manejo que nosotros hagamos de esas conductas. De cómo debemos corregirlas si son inadecuadas, y de la importancia de ofrecer alternativas, pues de otro modo no estaremos dándole una enseñanza real.

De ahí la importancia de seguir los cuatro pasos de la disciplina para que ésta sea constructiva.

LAS CUATRO FACETAS DE LA DISCIPLINA

Poner límites no es fácil. Nos cuesta distinguir a veces cuando estamos siendo demasiado duros, si debemos corregir siempre o dejar pasar algunas... También nos preocupa si al poner límites, estaremos perjudicando el vínculo afectivo con nuestro hijo.

Por ello es conveniente que aprendas a poner límites de la manera adecuada, siendo capaz de enseñar al niño, y al mismo tiempo cuidar el vínculo de apego y no dañar su autoestima.

Te explico los cuatro pasos que debes seguir para poner límites de una manera adecuada:

1. CORREGIR LA CONDUCTA

La mala conducta debe corregirse siempre, y cuanto antes mejor. Es necesario intervenir, reconducir la situación y controlarla.

A veces creemos que es mejor dejar pasar el tiempo a ver si el niño se da cuenta por sí mismo, pero es adecuado recordar que el niño tiene escasas habilidades de autocontrol y su conocimiento de las consecuencias de sus actos es limitada.

Así que, tratando de no enfadarte, intervendrás para detener la mala conducta.

Ejemplo:

Tus hijos están peleando por un juguete, y llegan a las manos. Intervendrás separándolos y requisando el juguete. Cuando se calmen, pasarás a la siguiente fase. Debes actuar de manera calmada, sin gritar, enjuiciar, o buscar culpables.

- Los niños aprenden por repetición. No pretendas que, porque le hayas corregido la conducta una sola vez, ya lo haya asimilado para el futuro. No deberías perder la paciencia cuando el problema se repita de nuevo, será lo más normal y, ante esto, tu actitud deberá ser igual de firme, contundente, cariñosa y comprensiva.

- No vale el «porque lo digo yo». Ábrete a tu hijo, explícale lo que sucede, por qué está mal y enséñale cuál es el comportamiento correcto. Y es que otra de las formas en las que mejor aprenden los niños es con el ejemplo. Sé su mejor ejemplo y ayúdale, a través de tu propia personalidad y comportamiento, a reaccionar de la manera adecuada.

- Si te muestras nervioso, reaccionas impulsivamente y con gritos, no esperes que el niño mejore su conducta, la próxima vez no solo la repetirá, sino que se habrá contagiado de esa negatividad que le has transmitido.

- Es importante señalar la conducta que queremos suprimir, pero sin menospreciar ni comparar. El niño de alta demanda es muy sensible a las reacciones, las críticas y las palabras. Mídelas y los resultados serán infinitivamente mejores.

Roma, madre de Luis:
Mi hijo siempre responde de manera diferente según si le alecciona mi marido o yo. Yo soy una persona muy sensible y paciente, he conseguido entender al milímetro el temperamento complejo del niño. A mi

pareja le cuesta un poco más. Suelo decirle que el tono de voz hace, y mucho, pero no termina de aplicarlo. Cuando quiere conseguir algo del niño, le habla con un tono muy firme, imperativo, insistente y con prisa, con la voz fuerte y elevada, a veces incluso a mí me incomoda. El niño inmediatamente se pone a la defensiva, le echa un pulso, le reta, se lo toma a mal. Yo suelo hacer de poli bueno, sin que esto implique menos disciplina. Simplemente le hablo con mucha suavidad, tratando de pedir que haga algo como forma de ayudarme en lugar de darle una orden. Uso un tono muy cariñoso y sonriente y, aunque parezca mentira, funciona. Le explico las cosas, a veces me aburro de hacerlo, repito y repito, pido y pido y soy paciente (me sorprende a mí misma el aguante que tengo), y los resultados suelen ser maravillosos. Al final, enfadarse y gritar no sirve de nada, no consigo sentirme mejor y el niño no reacciona. Así que ¿para qué perder los nervios.

2. ENSEÑAR UNA LECCIÓN

Una vez se hayan calmado los ánimos, les explicarás lo que esperas de ellos. Por qué su conducta era inapropiada, las consecuencias que tiene su comportamiento y favorecerás la empatía. No se trata de sermonear, de hacer reproches ni de culpabilizar. Se trata de enseñar. Es importante y deseable que seas capaz de dejar a un lado tus emociones. No puedes educar bien si estás crispada, enfadada o frustrada

Ejemplo:

Les explicarás que la violencia es una conducta intolerable. Les invitarás a ponerse en el lugar del otro y a ver la necesidad de aprender a compartir las cosas de manera que ambos puedan disfrutar del juguete.

- Las malas conductas tienen consecuencias, y eso debe aprenderlo, pero no necesariamente con un castigo o un grito. A veces pensamos que a los niños pequeños hay que endulzarles y adornarles la realidad, lo que en ocasiones hace que las lecciones sean menos asimilables y comprensibles. Una cosa es adecuar la explicación a su edad, sin entrar en detalles ni palabras enrevesadas y otra liarse con la fantasía y las amenazas irreales. Sé realista y cercano, señala lo que ha hecho mal y explícale el motivo por el que esa conducta es intolerable.

- Pregúntale por qué lo ha hecho y muéstrate empático y comprensivo. Tal vez esté enfadado o disgustado y su descontrol se manifieste de esta forma.

- Como ya he dicho, castigar, gritar, perder los papeles o dejar de hablar al niño durante el resto del día no suma en positivo. Somos el adulto y se debe dar ejemplo de tolerancia, amor y paciencia. Y sí, a veces pasa. Somos humanos. Pero debemos ser conscientes de que no es el camino y tratar de que no suceda.

- No impongas normas sin más, justifícalas y trata de hacer su cumplimiento atractivo a oídos del niño, fomentando su autonomía, reflexión y participación.

- Enséñale que errar es humano y no pasa nada por equivocarse, que se puede pedir perdón y reconocer los fallos.

- Si se muestra receptivo a tus explicaciones y reconoce su comportamiento negativo, házselo ver y muéstrate satisfecho con su reacción. Los niños no solo necesitan que les señalemos lo que hacen mal, también hay que prestar atención a lo que hacen bien.

3. FAVORECER LA AUTODISCIPLINA Y EL CONTROL EMOCIONAL

Esta es la parte más delicada. Te llevará tiempo, y no siempre estarás disponible emocionalmente para llevarla a cabo. Y no pasa nada. Pero siempre que puedas, este es el punto más importante.

Los niños tienen un cerebro inmaduro. Son impulsivos, y actúan de manera impredecible muchas veces. Sabiendo esto, vamos a ayudarles en este proceso en el que progresivamente irán interiorizando las normas sociales, y aumentando su capacidad de regularse.

Puedes usar cuentos, ejemplos, anécdotas. Puedes utilizar los dibujos, el *role playing*, teatro o simplemente: hablar.

Y enseñarles los valores importantes, y la manera de alcanzarlos. Les irás enseñando también estrategias de autocontrol y formas de buscar solución a los problemas. Les enseñarás a ponerse en el lugar del otro, y a reflexionar sobre las consecuencias de sus actos.

Ejemplo:

Siguiendo con nuestro ejemplo, puedes aprovechar para enseñarles la importancia de ser generosos, y de compartir lo que tenemos con los demás. Les explicarás cómo se siente de frustrado alguien que desea mucho jugar con algo, y cómo de bien se van a sentir si, por ejemplo, juegan 5 minutos cada uno con el juguete.

- El niño de alta demanda es muy sensible, necesita sentir que su entorno no le juzga y que valida sus emociones.

- Deja que se exprese libremente, el control emocional se aprende experimentando. En lugar de negar o ignorar sus sentimientos, desarróllalos con él, guíale y ayúdale a ponerle nombre. Hay muchos libros y cuentos pensados para que el niño pueda identificar las emociones de forma amena y participativa, puede ser una buena herramienta.

- Favorece la comunicación. Un niño que vive en un ambiente tenso, donde nunca se pregunta ni se habla, donde no hay interés y todo se hace deprisa y con escasa atención, no sentirá la necesidad de comunicarse. Sus emociones (buenas y malas) se acumularán como en una olla a presión. No sabrá darles salida porque nadie le ha mostrado que la comunicación y la comprensión de los demás son fundamentales para manejarlas.

- Como el niño de alta demanda es muy inquieto y nervioso, como su energía siempre está desbordada, es normal que las emociones se encuentren siempre a punto de explotar. Vive intensamente y casi sin descanso. Es bueno ayudarle a canalizar esto desde el principio (*mens sana in corpore sano*). Actividades al aire libre, paseos, deportes... todo esto saciará su actividad física y mental y, por tanto, favorecerá el equilibrio y el manejo de los conflictos.

4. CUIDAR LA RELACIÓN
PADRE/MADRE E HIJO

Vas a corregir muchas veces a tus hijos. Muchísimas. Van a portarse mal, a tener berrinches, se pelearán, se pegarán, habrá insultos y pataletas, habrá desafíos y mil cosas más. Así que aprender a manejar estas situaciones cuidando el vínculo de apego es fundamental.

Procura corregirle sin descalificarle ni humillarle. No le etiquetes. No generalices. Simplemente, sé consciente de que solo es un niño pequeño en un proceso de crecimiento y de maduración.

Esto llevará tiempo y tendrás que repetir muchas veces las cosas.

Ejemplo:

«Mamá sabe que no queríais pegaros y haceros daño. Entiendo que a los dos os encanta el tren. Y estoy muy orgullosa de que hayáis parado de pelear y estéis de acuerdo en compartirlo y jugar con él un ratito cada uno.»

Miguel, paciente en consulta:

Cuando te conviertes en padre parece que tu palabra favorita es «no». Es la respuesta estrella para casi todo lo que piden los hijos. Educar y disciplinar es una tarea ardua y encontrar el punto justo de la balanza es casi imposible, pero a veces echo la vista atrás y pienso en cómo me sentí yo cuando era el niño al que sus padres negaban todo con rudeza y educaban con palo de hierro. Y soy consciente que la falta de diálogo, paciencia y empatía me alejó mucho de mis padres. Detrás del «no», tiene que haber una causa suficiente y justificable. Detrás del «no» debe haber cariño, cercanía y la posibilidad de hablar con el niño y querer hacerle entender y aprender. Y, a veces, debe haber un «sí», aunque una parte de ti prefiera decir «no». Porque no siempre esas negativas responden a disciplina o límites, a veces es simple comodidad, como cuando no queremos que el niño se manche, o preferimos que meriende fruta en vez de ese pastelito que le ha traído la abuela, o cuando queremos hacerle callar porque preferimos terminar de mandar un mensaje en lugar de dejarlo para cinco minutos más tarde... En ocasiones, hay que decir un «sí» para que simplemente sean niños y equilibrar esas veces en las que se impuso el orden y tuvimos que afianzar el «no». Somos padres y debemos educar y mantener valores, pero eso no implica que no haya margen para el amor, el respeto y la diversión más allá de una rectitud formal e impuesta.

EL NIÑO DEBE ENTENDER NUESTRAS ÓRDENES

«Pero, Úrsula, eso es obvio», pensarás. Pero la realidad es que no siempre nos damos cuenta con quién estamos hablando. Además, si estás cansado y nervioso tratando de entender al torbellino de tu hijo de alta demanda, lo más normal es que muchas veces no seas consciente de como le hablas.

El primer paso para educar al niño y evitar comportamientos indeseados es que entienda el mensaje y enseñanza que quieres transmitirle. Las instrucciones, peticiones o las órdenes que das como padre o madre pueden favorecer la realización de una conducta si se siguen algunas recomendaciones:

- No utilizar gritos. Emplea un tono firme, pero sin gritar ni alterarte. (Sé que no siempre es fácil, cuenta hasta diez y piensa que no perder la templanza es positivo para todos). O como decía la profesora de la guardería de mis hijos: «Cuando te saquen de tus casillas, métete al baño: llora, grita, desahógate, pero que no te vean. Cuando estés calmada, entonces sal y educa».

- Las órdenes o peticiones, de una en una.

- Las peticiones deben de ser cortas, claras y específicas (no le apabulles con las peticiones de toda la semana porque al final no asimilará ninguna).

- Nunca deben realizarse en forma de preguntas o sugerencias, ya que daríamos al niño la posibilidad de no realizar la petición. Hay que distinguir cuando puedes (y debes) darle a elegir al niño o negociar, y cuando simplemente debe hacer lo que se le pide.

- Las órdenes no deben entrar en contradicción con otras, y mucho menos con las del otro progenitor. Se recomienda haber pactado previamente las normas y nunca desautorizar al otro.

- Estar en la misma habitación que el niño y mirándole a los ojos. Si es muy pequeño lo mejor es agacharnos y ponernos a su nivel para darle la instrucción.

- Establecer un contacto físico suave (tocarle la espalda, agarrarle de los hombros…) para asegurar-

nos de que nos está escuchando. A veces nos queja-
mos de que no obedece, pero lo que sucede es que
está tan inmerso en sus juegos o en su mundo, que le
cuesta saber qué le hemos dicho.

- Pedir las cosas «Por favor». Si, puede parecer muy
obvio, pero muchas veces no lo hacemos y es una
palabra mágica.

- Que tu lenguaje corporal y el tono de tu voz sea
acorde a la situación y al límite que quieres expresar. Si quieres corregir a tu hijo porque ha pegado
de manera agresiva a su hermano, debes mostrarte
seria, tranquila, pero firme. No puedes poner límites para conductas intolerables o faltas graves de respeto mediante bromas, o con un tono poco convin-
cente. Porque resulta incoherente y nuestro lenguaje
no verbal es el 60% de lo que decimos.

«Háblale a tu hijo como le hablarías al hijo de
tu vecino. Con el mismo respeto, educación,
y pidiendo las cosas por favor. Muchas veces
parece obvio, pero el exceso de confianza y
familiaridad parece darnos permiso para
comunicarnos de cualquier manera».

CÓMO MANEJAR LA MALA CONDUCTA

La crianza de tu hijo va a pasar por diferentes etapas, te puedo asegurar que todas intensas y hay que saber que, conforme crecen, también lo hacen sus ganas de desafiarte, auto determinarse y rebelarse.

Las rabietas

Esta primera fase la atravesará en torno a los 2 años. Es más conocida como «fase de negación» donde las rabietas y la tozudez se hacen más palpables que nunca. A esta edad empiezan a presentar interés por explorar su entorno y aprenden que el «no» puede darles lo que están buscando.

Pero las rabietas no son solo eso. Es la manera en que los niños expresan sus emociones: la rabia o la frustración. Aun no saben gestionarse, no saben expresar las emociones que sienten de otra manera, ni tampoco autorregularse. Por eso es conveniente ante una rabieta, en primer lugar calmarle y consolarle. Esto no significa que tengamos que ceder a sus deseos. Nos mantendremos firmes en eso. Pero empatizaremos con él: «Cariño, entiendo que te hace mucha ilusión que te compre ese juguete, pero ahora no es el momento. ¿Qué te parece si lo apuntamos en la lista de regalos para pedir a los reyes?».

Y simplemente le acompañamos hasta que se le pase el disgusto. Podemos abrazarle, consolarle o simplemente mantenernos a la espera de que se calme.

En un niño de alta demanda podrás distinguir dos malas conductas que pueden confundirse, porque la rabieta es una cosa, y la crisis es otra. La rabieta responde a ese afán del niño de marcar su criterio, de obtener lo que quiere, de auto determinarse y no saber manejar sus emociones ante una negativa o ante el fracaso. La crisis, sin embargo, responde a la intensidad de su personalidad. Una crisis suele venir impulsada por alguno de los cuatro jinetes (sueño, hambre, aburrimiento o sobre estimulación), también puede ser la vía de escape de un cúmulo de emociones y vivencias de gran intensidad que no sabe cómo gestionar. El niño es muy sensible a los estímulos y a veces puedes llegar a saturarles. Todo esto, unido a su carácter inquieto y «non stop», preparan el cóctel perfecto para una crisis que no gira en torno a echarte un pulso a ti como padre, sino que se trata de una batalla contra sí mismo que debe comprenderse y gestionarse de manera distinta a la rabieta.

La fase de las rabietas debe encararse con amor pero también firmeza con los límites, pues queremos enseñarle al niño a manejar esa frustración e invitarle a expresar y canalizar sus emociones de forma no agresiva.

La crisis tiene otro manejo, es como cuando un adulto padece un ataque de ansiedad y de pronto se ve desbordado. Se necesita amor, tacto, tiempo y una guía emocional acompasada al momento y al motivo del colapso. Si ha sido porque estaba en el parque de bolas y el bullicio ha podido con él, quizá ya sea hora de volver a casa. Si ha madrugado mucho y le notas disperso, quizá no sea el mejor día para salir al centro comercial, pues el cansancio terminará venciendo y aparecerá la crisis.

Primero identificaremos y actuaremos en consecuencia. Siempre se ha dicho eso de que «los niños son muy tiranos» o «te está echando un pulso», pero no suele ser verdad. Tal vez, el problema principal es que los adultos no siempre sabemos entenderles o ver qué hay más allá de esa reacción.

Los desafíos

Otro tipo de situaciones es cuando nos echan un pulso. Cuando son más mayorcitos, las rabietas o berrinches pueden obedecer no tanto a esa dificultad para expresar sus emociones de manera más adaptativa, sino a su manera de retarnos.

A la hora de enfrentarte a este tipo de situaciones, lo esencial es tener paciencia. Mucha paciencia. Después, como base general para todas las conductas desafiantes, sería recomendable que interiorizases estas ideas:

- Establece límites defendibles. No hay que ser muy duro, pero tampoco permisivo. La clave está en poner normas que puedas defender en cualquier situación sin sentirte culpable. Esto también fomentará sentimientos de seguridad en tu hijo, pues tendrá claro qué es lo que se espera de él en cada momento.

- Pon consecuencias por saltarse las normas y aplícalas de manera constante e inmediata a la conducta. Es muy importante la constancia, pues si las consecuencias se imponen de manera intermitente el niño solo aprenderá que, en ocasiones, obtiene beneficios a cambio, por lo que nos retará siempre.

- Refuerzo positivo: siempre que obedezca y colabore hay que realzar esta conducta con elogios y cariño.

- No etiquetar. No se critica al niño, solo se señala la conducta. Además, es positivo que le expliquemos cómo se tiene que comportar mediante el método de la escucha activa.

- No entrar al juego. Calmadamente avisas sobre las consecuencias que habrá si sigue actuando de esta manera y, si tras esto persiste el comportamiento, aplicar lo que has avisado.

- Mantener la calma. Respira profundamente. No desesperes, aunque te nazca contestar con un grito. Hablar con serenidad siempre es mucho más efectivo. Además, darnos un momento para asimilar la situación siempre nos ayudará un poco más a comprender qué es lo que le sucede al niño y por qué puede estar comportándose de esta manera.

«La paciencia tiene más poder que la fuerza».
PLUTARCO

POTENCIAR CONDUCTAS POSITIVAS

El temperamento del niño de alta demanda es fuerte. Es un pequeño con gran carácter y personalidad, muy perseverante e insistente cuando quiere algo. Por su sensibilidad y necesidad de cariño, los gritos y las reprimendas no suelen surtir el efecto deseado, además de que tienen muchos «efectos secundarios».

Teniendo claro que tu hijo es de alta demanda, debes actuar en consecuencia, tener un plan establecido para hacer frente a todas esas necesidades algo más exigentes.

Tu ejemplo, el trabajo conjunto con la pareja y el resto de la familia, y el refuerzo positivo junto a modos de aprendizaje dinámicos que impliquen su participación, serán mucho mejor asimilados que cualquier castigo o reprimenda.

Vamos a ver en primer lugar cómo podemos fomentar y reforzar las buenas conductas.

Una serie de técnicas que puedes aplicar para instaurar conductas deseables podrían ser:

Técnica del Modelado

Es un procedimiento de adquisición de conductas a través de la exhibición de los comportamientos de un modelo (papá o mamá). El niño, como observador, adquiere y repite en el futuro lo que ve.

¿Cómo hacerlo?

- En el momento de dar instrucciones hay que explicar brevemente qué comportamiento se va a enseñar y cómo se va a hacer, describiendo las conductas a entrenar de forma clara y precisa.

- Cuando se actúa de modelo y se está realizando la conducta, es importante que se describa verbalmente el contexto en el que se da la conducta, lo que se está haciendo y las consecuencias que se prevé alcanzar con ese comportamiento.

- La actuación por parte del modelo, así como la del niño, debe ir seguida de un refuerzo positivo social. Esto aumentará la probabilidad de que adquiera la conducta al ver las consecuencias positivas que tiene.

- Ofrecerles la oportunidad de que ellos mismos actúen de modelo, mostrándoles a otras personas las conductas adquiridas. Esto resulta muy reforzante para los niños y consolida su aprendizaje.

Por ejemplo, estamos en un restaurante y el niño le vocea al camarero que quiere agua.

Una buena forma de modelar esta conducta, sería, en primer lugar dándole una explicación sobre cómo debe hacerse, y *a posteriori* realizar la conducta nosotros mismos:

—Cariño, no debes dirigirte así al camarero. Elevando la voz y pidiéndole lo que necesitas de esos malos modos. Tal vez el camarero lo haya sentido como una falta de respeto. Es mejor llamar su atención con un gesto, o esperar a que pase cerca de la mesa, y cuando esté a nuestro lado, le pedimos lo que necesitamos, siempre con educación. Voy a pedir la cuenta y así ves cómo se hace:

Disculpe, ¿podría traernos la cuenta cuando pueda? Gracias.

Técnica del refuerzo positivo

Consiste en recompensar/reforzar a los niños cuando han realizado un comportamiento adecuado. Esta acción aumentará la probabilidad de ocurrencia de las conductas deseadas y su consolidación.

Se ha demostrado que uno de los mayores reforzadores o premios para los niños es la atención recibida por parte de sus padres: pasar tiempo con ellos, los halagos, las alabanzas, haciéndole ver lo orgulloso que estamos de él.

No se trata tanto de andar premiando con regalos o

cosas materiales cada cosa que el niño hace bien, sino ser conscientes de lo importante que es, sobre todo cuando estamos tratando de enseñar cosas al niño, que vea que cuando se esfuerza, lo valoramos.

Por ejemplo, si el niño ha recogido sus juguetes, podemos decirle: «cariño, ¡qué bien que hayas recogido tus juguetes! ¡y sin que te lo haya pedido!».

O «Mamá está encantada cuando me ayudas y recoger tus cosas, porque así tengo más tiempo libre para jugar contigo».

Técnica con sistema de recompensa

Es una sencilla y eficaz estrategia para motivar a los niños a comportarse adecuadamente, reforzando la emisión o no emisión de las conductas que deseamos trabajar.

Consiste en plantear una conducta a trabajar y un objetivo semanal. Cada día que el niño cumpla con la conducta establecida se le deberá entregar una pegatina de carita feliz que pegará en su sistema de recompensa. Al final de la semana si ha llegado al objetivo planteado previamente podrá canjearlo por un premio mayor (ej.: ir a tomar un helado, ir al parque, un juguete…).

Ejemplo: Paula se niega sistemáticamente a lavarse los dientes antes de ir a dormir. Esta situación acaba suponiendo un pulso todas las noches. Posiblemente, negándose a lavarse los dientes, Paula consigue alargar el momento de irse a la cama. Además tiene toda la atención de sus padres. Hacerle un sistema de recompensa en el que se premie al final de la semana que se haya lavado los dientes cada noche, puede ser una manera de darle la vuelta a la situación.

Si el niño es muy pequeño, el sistema de recompensa

será diario, no semanal. Si Paula se lava los dientes, le leeremos su cuento favorito antes de ir a dormir, por ejemplo.

LA IMPORTANCIA DEL AUTOCONTROL

La inteligencia emocional consiste en disponer de las habilidades necesarias para reconocer no solo nuestras emociones, sino las de los demás, pudiendo entenderlas y gestionarlas adecuadamente.

Equívocamente y durante mucho tiempo se ha asociado el éxito a la inteligencia, sin embargo, esto no está directamente relacionado con buenos resultados académicos, y mucho menos con la felicidad. Y es que, para poder lograr una vida plena y consciente, el desarrollo emocional adecuado es imprescindible. La vida, en todos sus aspectos, necesita de inteligencia emocional (personal y profesionalmente), por ello es clave inculcarla desde pequeños. Una persona con sana inteligencia emocional tiene confianza en sus propias capacidades, se relaciona de forma satisfactoria con los demás, es comunicativo y empático, tiene una autoestima alta, se siente motivado y es capaz de afrontar y solventar los conflictos.

Enseñar a los niños a reconocer y trabajar sus propias emociones permitirá que con el tiempo sean capaces de controlarlas y actuar en consecuencia y esto, es fundamental para el correcto desarrollo de su autoestima y autoconcepto.

Todo esto se va trabajando con el tiempo y adecuando a la personalidad y etapa de tu hijo, pero en general, no pierdas de vista:

- Introducir desde temprana edad a tu hijo en el mundo de las emociones. Desde bebé el pequeño podrá reconocer la sonrisa, el llanto, y los gestos de los mayores, y sobre todo, sus propios estamos emocionales.

- Nombrar las emociones, ponerles rostro, color y explicación para que el niño pueda identificarlas fácilmente.

- Servir de ejemplo y, por cada reacción desmedida, ofrecer una alternativa que permita gestionar y expresar su malestar.

- Invitarle a reflexionar y empatizar, a ponerse en el lugar del otro, a hacerse preguntas al respecto.

- Comunicación, comunicación y más comunicación. Una escucha activa y comprensiva, que no sienta que es censurado.

Paciente en consulta:
Mi hijo aún es pequeño para mantener determinadas conversaciones con él, ni siquiera habla todavía, pero es poderosamente llamativo cómo se hace entender y su propia capacidad de comprensión. Sin embargo, sus emociones son muy intensas, puedo notar cómo sentimientos muy profundos y maduros le invaden, confundiéndole y saturándole. No ha sido fácil manejar sus crisis o colapsos, en esos momentos no sirve de nada hablar, ni siquiera se le puede tocar. Es como una bomba nuclear. He aprendido que hay que dejarle su espacio y que un refugio apartado y calmado le sienta de maravilla. Hemos aprendido que,

cuando se enfada, puede meterse en su pequeña tienda tipi, colmada de peluches suaves y coronada por unas luces tenues. Allí se refugia y queda en silencio unos minutos, nadie le perturba, toda la casa permanece en quietud, hasta que su mundo se sosiega y vuelve a la realidad. Más calmado, ya permite el contacto físico y acepta escuchar palabras de consuelo. Simplemente necesita practicar a manejar sus emociones, a doblegarlas y a responder adecuadamente a cada una de ellas. Darse su tiempo cuando está frustrado o enfadado, ya es un avance hacia ello. Haber sido como madre capaz de identificar esto me aporta confianza y ánimo para seguir escarbando y trabajando junto con mi bebé en este trepidante mundo de las emociones intensas.

La impulsividad y cierto caos emocional son muy habituales en el niño de alta demanda. Los problemas de conducta también pueden venir derivados de esto, de la incapacidad para regular sus emociones, calmarse y sosegar ese batiburrillo intenso de sensaciones que le invaden y que no logra comprender.

Es de gran importancia enseñarles a gestionar y regular estas emociones para que aprendan a dar una respuesta adecuada a las mismas y a canalizarlas debidamente.

Algunas de las herramientas más eficaces:

La historia de la tortuga

Se trata de una técnica de autorregulación emocional indicada para niños de preescolar y primer ciclo de primaria. Se apoya en un cuento que narra la historia de una pequeña tortuga que tiene problemas en el colegio, en casa y a nivel social debido a los problemas para manejar sus emociones. Tras recibir los consejos de una sabia y vieja tortuga, aprende un «truco» para controlarse y no actuar impulsivamente cuando se enfada.

Te recomiendo ser creativa cuando le cuentes la historia y ponerle a la tortuga la edad de tu hijo, y añadir circunstancias o problemas similares a los que enfrenta tu pequeño.

Historia de la tortuga:

Hace mucho tiempo, vivía una tortuga pequeña y risueña. Tenía 6 años y se llamaba Claudia. A Claudia le gustaba pasar las horas jugando y jugando. No quería estudiar ni aprender nada: sólo le gustaba correr y jugar con sus amigos, o pasar las horas mirando la televisión. Le parecía horrible tener que leer y hacer las fichas que le mandaban en el cole. Tampoco le gustaba demasiado recoger sus juguetes en casa, y se molestaba bastante cuando sus padres le pedían que dejara la *tablet* y fuera a ducharse o a cenar.

Muchos días se olvidaba de llevar el material del cole o no hacía las tareas. En clase, no escuchaba a la profesora y se pasaba el rato distraída en otras cosas. Cuando se aburría, que pasaba a menudo, interrumpía la clase diciendo tonterías que hacían reír a todos los niños.

A veces intentaba trabajar, pero se distraía y cuando no entendía cómo hacer algo quería abandonar. Cuando pasaba esto, se enfadaba mucho y rompía cosas o chillaba muy fuerte… y al final acababan castigándole. Así pasaban los días…

Cuando estaba en el parque o en el patio del colegio con sus amigos, las cosas no mejoraban mucho. Claudia quería siempre subir la primera en los columpios, no le gustaba hacer cola y esperar su turno. Tampoco llevaba nada bien perder cuando jugaban a algo, así que pasaba la mitad del rato enfadándose por cualquier y llorando por todo. A veces sus amigos se enfadaban con ella porque se cansaban de aguantar tus berrinches.

No sé sentía nada bien, pero no sabía cómo cambiar.

Cada mañana, de camino hacia la escuela, se decía a sí misma que se tenía que esforzar en todo lo que pudiera para que no le castigasen. Pero, al final siempre acababa metido en algún problema. Casi siempre se enfadaba con alguien, se peleaba constantemente y no paraba de insultar. Además, una idea empezaba a rondarle por la cabeza: «soy una tortuga mala» y, pensando esto cada día, se sentía muy mal.

Un día, cuando se sentía más triste y desanimada que nunca, se encontró con la tortuga más grande y vieja de la ciudad. Era una tortuga sabia, tenía por lo menos 100 años, y tenía un tamaño enorme. La gran tortuga se acercó a la tortuguita y, deseosa de ayudarla, le preguntó qué le pasaba.

Cuando Claudia le contó todo lo que se pasaba, la vieja tortuga le dijo:

—Te diré un secreto: no sabes que llevas encima de ti la solución a tus problemas.

Claudia no sabía de qué le hablaba.

—¡Tu caparazón! —exclamó la tortuga sabia— puedes esconderte dentro de ti siempre que sientas rabia. Puedes respirar profunda y lentamente hasta que te tranquilices. Cuando te encuentres dentro del caparazón tendrás un momento de tranquilidad para estudiar tu problema y buscar una solución. Así que ya lo sabes, la próxima vez que te enfades, escóndete rápidamente.

A Claudia le encantó la idea y estaba impaciente por probar su secreto en casa y en la escuela. Llegó el día siguiente y de nuevo se equivocó al resolver suma cuando hacía los deberes, intentó borrarla pero rompió la hoja sin querer. Empezó a sentir rabia y furia, y cuando estaba a punto de perder la paciencia y de arrugar la ficha, recordó lo que le había dicho la vieja tortuga. Rápidamente encogió los bracitos, las piernas y la cabeza y se hizo una bolita, poniéndose dentro del caparazón. Cerró los ojitos y empezó a respirar tranquilamente como le había dicho la tortuga que hiciera.

Estuvo un ratito así hasta que tuvo tiempo para pensar qué era lo mejor que podía hacer para resolver su problema. Fue muy agradable encontrarse allí, tranquila, sin que nadie le pudiera molestar.

Cuando salió, se quedó sorprendida de ver que su mamá le miraba sonriendo, contenta porque se había podido controlar. Después, entre las dos resolvieron el error («parecía increíble que, con una goma, borrando con cuidado, la hoja volviera a estar limpia»).

Claudia siguió poniendo en práctica su secreto mágico cada vez que tenía problemas, incluso a la hora del patio y por supuesto en casa cuando se molestaba con sus papás y su hermana. Pronto, todos los niños que habían dejado de jugar con ella por su mal carácter, descubrieron que ya no se enfadaba cuando perdía en un juego, ni pegaba sin motivos. Al final del curso, la pequeña tortuga lo aprobó todo, sus padres le felicitaron por lo bien que se portaba en casa y nunca más le faltaron amigos.

La metodología a emplear para enseñar la técnica es la siguiente:

- Explicar el cuento de la tortuga para que el niño se identifique con el personaje que lo protagoniza.

- Identificar las emociones que experimenta la tortuga y reflexionar sobre las consecuencias de su conducta.

- Enseñar al niño a responder a la palabra «Tortuga»: puede rodear su cabecita con los brazos como si fuera un caparazón y cerrar los ojos.

- Enseñar al niño a relajarse en la postura de la tortuga. Puedes animarle a respirar tranquilamente o contar hasta diez.

- Se le enseña al niño a resolver los problemas y buscar otras opciones de respuesta a la conducta agresiva e impulsiva.

El semáforo

La técnica del semáforo se utiliza para que el niño aprenda a identificar y reconocer las sensaciones corporales previas a sus conductas impulsivas. Se trata de ayudar al niño a reconocer en qué estado se encuentra, usando los colores del semáforo.

Es muy normal que el niño de alta demanda no sea consciente de su estado de activación, lo que le conduce a presentar conductas agresivas y de desobediencia. No se trata de que no quiera auto controlarse, sino que entra en la emoción demasiado deprisa y una vez activado ya no se puede controlar, respondiendo entonces de manera disruptiva y agresiva.

Sin embargo, si el niño logra detectar su estado de activación fisiológica previa al mal comportamiento, podrá poner en marcha estrategias incompatibles con el estallido impulsivo y, por tanto, evitar su manifestación.

Para los adultos es más fácil predecir el mal comportamiento del niño. Hay algunas situaciones en las que vemos venir cómo va a terminar la cosa. Seguro que esto te suena: tu hijo está jugando con otro niño y el ambiente empieza a calentarse. Se pelean por los juguetes, se fastidian uno al otro, empiezan a ponerse quisquillosos y a levantar la voz. Tú ya ves venir el conflicto: acabarán peleándose, enfadados o llorando.

Si aplicas la técnica del semáforo, lo que harás es darle al niño la oportunidad de identificar que está empezando a alterarse, y poder reconducir su conducta.

¿Cómo se hace? Cuando el niño se esté empezando a alterar, te acercarás y le dirás: «AMARILLO», dándole la posibilidad de reconducir su comportamiento y aplicar estrategias de autocontrol. Por ejemplo sería el momento de retirarse un poco de la situación para calmarse, o hacer La Tortuga. Así mismo le recordaremos que si continúa comportándose así, llegará a Rojo y habrá una consecuencia negativa.

Si cuando pese al aviso continúa alterándose y no reconduce su comportamiento, le avisaremos que ha llegado a «ROJO», que su comportamiento es inadecuado y que conlleva una consecuencia negativa.

Es importante que cuando el niño redirija su comportamiento y controle su enfado, se refuerce la conducta diciéndole lo bien que lo ha hecho y lo orgullosa que estás de que haya sabido volver a «VERDE».

Dibujar las emociones

Esta estrategia consiste en favorecer la expresión emocional mediante la expresión artística.

Algunas actividades que se pueden realizar son dibujar lo peor y lo mejor del día o realizar un dibujo que represente sus sentimientos y emociones.

Los niños se expresan muy bien a través del dibujo. Aprovecha eso para averiguar qué le pasa a tu hijo. A veces son incapaces de identificar sus emociones o de expresarlas.

Y con solo sacarlas, ponerles nombre o hablar sobre ello, se sienten mejor, más calmados y menos alterados.

Porque recuerda… **la ira es la guardiana de la tristeza.**

El bote de la calma

Es una estrategia creativa basada en el método Montessori, indicada para ayudar al niño a calmarse tras una situación angustiosa o en situaciones de elevada ansiedad.

Consiste en elaborar un bote con pegamento líquido, agua y purpurina de colores. En momentos de tensión y agitación, se produce una alta activación fisiológica que impide la relajación y la concentración en el aquí y ahora, dejando la mente anclada a la emoción negativa. La simple agitación del bote y la observación de la purpurina como cae, sube y se mezcla con otros colores, proporciona calma y tranquilidad, ayudando al niño a regular su sistema nervioso y a volver a centrar su atención en el presente, dejando fluir las emociones negativas.

Durante la utilización del bote, se puede aprovechar para que el niño exprese sus sentimientos y dialogue acerca de los mismos, así como acompañarlo de respiraciones lentas y profundas para potenciar sus efectos relajantes.

Diario de la rabia

Consiste en escribir en un diario o libreta todas las situaciones, personas, pensamientos… que le producen enfado y rabia.

Es una técnica muy sencilla que favorece la toma de conciencia y la identificación de los estímulos externos e internos generadores de ira.

Además, como ya he mencionado en otros capítulos, la relajación es fundamental para el niño de alta demanda. Enseñarle desde temprana edad a practicar técnicas de relajación y *mindfulness* permitirá mantener a raya la energía descontrolada, ayudándole a ser más consciente de sí mismo, sus emociones y la necesidad de bajar revoluciones en determinados momentos para sosegar su comportamiento.

Música relajante, ver vuestra peli favorita en el sofá con una mantita, o leer un cuento. Colorear, dibujar o haceros un masaje. Te animo a probar todas estas estrategias y ver el efecto relajante que tienen en tu pequeño.

Si algo he querido dejar claro a lo largo de todas estas páginas es que comprender al niño de alta demanda es fundamental. No es un capricho, no es una manipulación. Hay que entender su carácter y el porqué de su comportamiento para actuar en consecuencia, ciñéndonos a sus verdaderas necesidades y comunicándonos con él de forma que pueda entendernos y reaccionar positivamente a nuestras peticiones.

La paciencia será clave en el proceso de crianza. Aplicar desde el principio algunas de las técnicas descritas en este capítulo te ayudarán a domar a esa fierecilla curiosa, inteligente y explosiva que tienes por hijo.

Todo mal comportamiento puede redireccionarse o corregirse. La clave no está en qué tipo de lección o aprendizaje queremos imponer, sino en cómo lo hacemos y para quién.

«Cuando uno enseña, dos aprenden».
ROBERT A. HEINLEIN

CENTRANDO LAS BASES DE LA EDUCACIÓN CONSCIENTE

Vamos a resumir todo lo que hemos visto en este capítulo, que no es otra cosa que las bases sobre las que debemos educar a nuestros hijos:

- Los niños necesitan una guía, soporte y apoyo para aprender y progresar.

- Los límites y normas son necesarios, especialmente para promover el desarrollo social y la autorregulación emocional.

- Debemos educar para la vida, para promover la socialización y el desarrollo integral del niño.

- Se enseña desde el ejemplo y la costumbre.

- Hay que ser constantes y consistentes en la enseñanza.

- La disciplina debe ir acompañada del afecto y la comprensión.

- Céntrate en lo esencial. El resto irá llegando.

- Cuida siempre, y por encima de todo, el vínculo de apego. Pero no tengas miedo de poner límites: tu hijo los necesita.

- No sobreprotejas a tu hijo ni le evites las emociones negativas: necesitas prepararle para el camino, no preparar el camino para él.

Y para terminar, te dejo estos consejos que resumen todo lo que hemos abordado en el libro y que espero te ayuden en la crianza:

- Establece una relación basada en el afecto y la comunicación. Tu hijo se sentirá más tranquilo y seguro de sí mismo si se sabe que le comprendes y le das el cariño que necesita.

- Es importante que aprendas a conocer a tu hijo día a día, adaptándote a las necesidades que le van surgiendo. Un niño de alta demanda no es un caprichoso o un mimado, simplemente necesita más atención y cariño. Aprende a respetar y aceptar cómo es tu hijo. No intentes cambiarlo.

- Mucha dosis de paciencia. Es agotador y prácticamente imposible tener paciencia las 24 horas del día. Necesitarás tiempo para ti mismo que te ayude a recargar las pilas y desconectar, como hacer yoga, meditación, deporte o cualquier otra actividad.

- Tu hijo necesita pasar tiempo de calidad con vosotros. Requiere cercanía y mucho contacto físico. Así que no dudes en colmar sus necesidades de cariño, con eso no se malcría. El amor nunca sobra. Mi opinión es que si un niño pide contacto físico es porque lo necesita. Así de sencillo.

- Mantén la calma ante sus rabietas y desafíos, pero sé firme. Es importante poner límites y debes ser constante con vuestras normas. También es primordial que conserves la calma si vuestro peque se preocupa por alguna cosa. Ten en cuenta que somos su guía en el camino del aprendizaje, están pendientes de nuestras reacciones y las imitan.

- No concedas todos sus deseos. No le des todo lo que pide por muy perseverante que sea. Al ser tan sensible e intenso se suele frustrar con facilidad, es importante guiarle para que aprenda a tolerar la frustración. El niño de alta demanda suele ser muy concienzudo con todo lo que hace y si aprende a llevar bien la frustración podrá hacer todo lo que se proponga en su vida.

- Enséñale a canalizar sus emociones, por ejemplo, con técnicas de relajación y favoreciendo la expresión de sus emociones.

- Cuida lo que dices delante de él. Tu hijo es muy sensible y los comentarios negativos que se hagan sobre él pueden afectarle mucho. Lo mejor es no hablar de él cuando esté presente y, sobre todo, no hacer comentarios peyorativos ni culpabilizarle de nuestro cansancio. Comentarios como «no puedo más», «es incansable» o «es insoportable» deben desaparecer. Lo único que se consigue es provocar una profecía auto cumplida. Si el pequeño crece escuchando alguna de estas cosas, pensará que es cierto, por lo que terminará comportándose de manera que confirme lo que se espera de él, cumpliendo así la profecía.

- Favorece el contacto con otros niños y con otros adultos, y proporciónale un entorno rico y estimulante que sacie su curiosidad.

- Busca apoyos para su cuidado. El niño de alta demanda exige mucho y tratar de atender todas sus necesidades puede acabar siendo extenuante. Tendrás que aprender a delegar. No pasa nada por admitir que no puedes con todo. Es normal que los padres estemos cansados. También necesitamos nuestros momentos de desconexión. Buscar ayuda en familiares, abuelos, amigos o incluso profesionales. Tener momentos de descanso, desahogo y desconexión para volver con fuerza para ellos será indispensable.

EPÍLOGO

Me has acompañado durante varias horas leyendo este libro. Y me imagino que habrá sido a destiempo, aprovechando los ratitos que el bebé duerme y te da un breve respiro. O tal vez lo has hecho cuando al fin has conseguido que se vaya a la cama y se duerma, después de un día agotador que pensabas que nunca se iba a terminar.

Así que en primer lugar muchas gracias por dedicar tu valioso y escaso tiempo a leerme.

Como mamá de tres hijos, una de ellos de alta demanda, sé lo que estás viviendo. Y ese ha sido el motivo de plasmar mi experiencia como madre y como psicóloga infantil: intentar acercarte un poco de luz y de sosiego al torbellino de emociones que seguramente sientes en torno a la crianza.

Mis objetivos con este libro son que entiendas una cosa por encima de todo: el comportamiento de tu hijo, sus características o sus rasgos de personalidad no son culpa tuya. No estás haciendo las cosas mal. Simplemente tienes un niño de alta demanda. Su temperamento es difícil, y eso hace que criarle suponga un reto enorme.

Estoy segura que tu niño altodemandante te hace sentir bipolar: puedes pasar de sentir el amor más profundo por él y caerte literalmente la baba, a llorar desconsolada porque no puedes más y sentir incluso ansiedad.

Y así va a ser este viaje: como una montaña rusa. Habrá subidas y bajadas, habrá etapas más duras y otras geniales…porque si algo hay seguro es que la monotonía no te va a acompañar durante estos años.

Tienes un hijo maravilloso: Auténtico. Apasionado. Creativo. Ingenioso. Divertido. Espabilado. Cariñoso… y muchas otras cosas más.

¿A qué tampoco me equivoco en esto?

Deseo que la lectura de este libro te ayude a sacudirte la culpa y la frustración, a darte una visión diferente de por qué tú hijo se comporta así, y a entender que tal vez tengas que replantearte muchas cosas sobre la educación y la crianza.

Toma con distancia las críticas de los demás. Solo los padres de niños de temperamento difícil te entenderán. El resto puede que solo te juzguen desde el desconocimiento y la incomprensión.

Te animo a revisar las expectativas en torno a la crianza, a que aprendas a delegar, a priorizar lo importante, y a tener una visión más sosegada y realista. Alejada de falsas creencias o expectativas idealizadas que entorpecen más que ayudan.

Mereces disfrutar la crianza.

Y tus hijos también. Merecen tener una infancia feliz. Y disfrutar de su madre y de su padre. Merecen un vínculo de apego sano. Y sobre todo merecen crecer sabiéndose amados incondicionalmente, tal como son.

«Miramos el mundo una sola vez, durante
la infancia. El resto es memoria».
LOUISE ELISABETH GLÜK

Alicante, julio de 2020
Úrsula Perona Mira

AGRADECIMIENTOS

Gracias a mis abuelos maternos, por hacerme sentir amada incondicionalmente. Os echo terriblemente de menos.

A mis amigas, Susana y Helena, por acompañarme desde los 14 años en todo tipo de aventuras y desventuras, y ser esas personas con las que puedes ser tú misma, sin juicios ni condiciones. Os quiero y lo sabéis.

A mi amiga en la distancia Deborah Labios, quién además de traer a mi pequeña Leyre al mundo, me ha acompañado a lo largo de los años siempre apoyándome con su claridad y sentido común.

A mi amigo Leo Farache, director de Gestionando Hijos y el único Humanista que conozco. Aprendo mucho contigo amigo.

A Juan Luis Rodríguez, por sus sabios consejos y su ayuda profesional siempre.

A mi amigo el Dr. Padilla, neumólogo y escritor. Por estar siempre ahí y tener unos valores tan nobles.

A Nora Kurtin, de Sapos y Princesas. Por confiar en mí cuando daba mis primeros pasos como divulgadora.

A Marta Guerri, de Psicoactiva. Por la confianza siempre en mi trabajo. Y por ser tan cercana y buena persona.

A José Antonio López Vizcaíno, el único de los jefes que he tenido al que llamo Jefe. Mi cariño siempre para él y su mujer, Agustina.

A José Casanova por su ayuda desinteresada y su confianza en mí.

A José Carlos Ruiz, por su apoyo y ayuda para que este libro viera la luz.

A Margarita, una paciente muy especial, que me siempre me decía que ojalá fuera mi suegra. El afecto es mutuo.

A mis ex suegros, Don Juan y Pepa. Por tratarme como una hija, y hacerme sentir parte de la familia. Nunca tuve ocasión de agradeceros todo lo que hicisteis por mí, y transmitiros el gran afecto que os guardo.

A Joaquín Torres y Rosalía, por su inestimable ayuda.

A mis padres, por convertirme en lo que soy. Tanto lo bueno como lo malo.

A Óscar Córdoba, mi editor. Por acompañarme en este viaje con paciencia, profesionalidad y buenos consejos.

Y a mis pacientes. Qué privilegio tengo de tener un trabajo tan bonito. Me enseñáis mucho.

Gracias.

ÚRSULA PERONA MIRA es psicóloga infantil y madre de tres hijos. Lleva más de diez años desarrollando su labor como psicóloga sanitaria en su clínica de Alicante, el Instituto de Psicología Úrsula Perona, donde atiende a personas de todas partes del mundo. Además del abordaje clínico de trastornos complejos, está especializada en Niños de Alta Demanda, y asesora a las familias desde la perspectiva de la crianza consciente. Es docente universitaria, conferenciante y colabora habitualmente con medios de comunicación nacionales e internacionales. Es autora, entre otros, de los libros *Hijos de Alta Demanda*, *Niños altamente sensibles* y coordinadora de *9 reglas para una educación consciente*.

@ursulaperonapsicologa